테크니컬 글쓰기

한울출판사

머리말

누구나 글을 쓸 수 있다

말은 소리의 특성상 시공의 제약을 받아 그 실현이 일회에 한정된다. 물론 오늘에 와서 녹음기 등 기기의 도움을 받아 그 제약이 완화되었다고 할 수는 있으나, 자체의 본질적 한계가 극복되었다고 할 수 없고, 생활에서 중요도가 높은 말이라고 해서 모두 녹음할 수 없으며, 가청범위도 제한되는 형편이다. 그리고 깊이 있고 체계 있는 사고의 결과를 말로 조리 있게 제시하기 어려우며, 보통의 말이라 하여도 그 정확한 재현이 더욱 어려운 실정이다. 전자의 사례는 그 누구에게도 있었을 것이다. 후자는 어떤 식으로든 과장되는 소문의 전파과정을 한 번 생각할 필요가 있다. 말은 말하는 사람의 관점과 말이 실현될 때 그때 그때의 외부 상황에 영향을 받기 마련인 것이다. 이로 해서 야기(惹起)된 수없는 오해와 혼란과 아이러니가 역사에 있었고 현재에도 있으며 앞으로도 있을 것이다. 어떤 사람의 말을 누가 다른 사람에게 전달할 때 했던 말이 왜곡되고 없던 말이 만들어지는 불의(不義)는 전달하는 사람의 악의에 주로 기인되지만 완벽한 재현이 어렵고 가감이 쉬운 말 자체의 한계에서 말미암아지기도 하는 것이다.

인류는 바로 이러한 문제를 인식하면서 제2의 말, 즉 문자의 창제를 시도하였다고 하겠다. 문자는 물론 말에는 없던 쓰기와 유통 등 여러 번거로운 단점이 있지만 위에서 간단하게 지적한 말의 단점들을 극복해내는 이점이 있다. 15세기에 이룩된 우리 민족 문화사상 일대 쾌거인 세종대왕의 훈민정음(訓民正音)의 제작 시도에는 민족의 말을 그대로 표기할 수 있는 고유문자의 제정이란 거시목표 아래 정책과 법령을 정확하게 기록하여 전달할 수 있는 수단을 마련하겠다는 실제 동기가 내재해 있었다.

새삼스럽지만 인류는 사회 직장생활에서 중요한 의견과 아이디어, 기획과 계약을 글로 문서를 작성하여 왜곡과 일탈을 방지하며 신빙(信憑)의 자료로 삼고 있다. 글은 말의 영원한 기록물이며 시공의 제약을 해체한 그 자랑스러운 자식이다.

그런데 글은 말과 달리 일정한 학습 과정이 필요한 언어 분야이다. 말은 정상아라면 누구나 언어 환경에 노출되어 있기만 하면 특별한 노력이 없어도 배울 수 있지만 글은 교육 차원에서 조성된 학습 환경과 피학습자의 의지와 노력이 요구된다. 나아가 보다 정확하고 짜임새 있는 글을 쓰려면 고양된 문제의식과 훈련이 필요하다. 글은 담화의 상황에 관련된 대상 표정 시선 몸짓 등이 생략된 채 오직 문장과 문맥에만 의지한다. 따라서 특정 장르를 전제로 하여 글 전체를 일관하는 주제가 있어야 하고 주제에 부응하는 제재를 배치하여야 하며 서술과정에 체계가 있어야 할뿐만 아니라, 문장은 문법과 관례를 준수하여야 한다. 국가의 통합에 헌법이 필요하고 공동체의 공익과 안녕에 질서가 요구되듯이 모든 글에도 나름대로 규칙과 요령이 있는 것이다. 한마디로 글은 말의 정련(精鍊)이다.

대학은 근년 들어 의사소통 능력 향상을 목적으로 실용 글쓰기 교육을 강화하고 있다. 이러한 경향은 새삼스럽지만 우선 당장 학업의 수행에서 요구되고 있고, 직장과 사회생활에서 누구라도 반드시 써야하는 이른바 실용문들이 있기 때문이다. 한 장의 기안서와 기획서가 업무 추진을 효율화하고 조직에 활력을 불어넣어 회사의 진로와 운명을 바꾸기도 한다.

글쓰기는 모든 지적 능력의 총합이며 그 숙달에는 꽤 많은 시간이 소요되지만, 실용문 글쓰기는 그렇지 않다. 누구나 쉽게 쓸 수 있다. 이 책 『테크니컬 글쓰기』를 벗 삼아, 먼저 글쓰기 관련 기초 문제점을 인식하고, 장르의 개념과 작성 요령을 파악하며, 두 세 차례 작성 연습을 시도한다면, 비교적 빠른 시일 안에 글쓰기 역량을 한 자질로 내면화할 수 있을 것으로 믿는다. 여러분의 장래는 이 시기 노력으로 결정된다. 곧 오늘이 될, 미래의 업무 수행에서 기초가 될 전공공부에 몰두하면서 그 정보와 지식을 정확하고 효율 있게 소통시키는 데 필요한 최소한의 글쓰기 공부에도 애착을 갖기를 거듭 촉구한다.

2011년 2월 수리산 기슭에서 저자 일동

차례

CONTENTS

제 I 장 글쓰기는 경쟁력, 글쓰기를 이렇게 하자

제 II 장 실용 장르 이해와 테크니컬 요령

차례
CONTENTS

제 I 장

글쓰기는 경쟁력, 글쓰기를 이렇게 하자

글쓰기는 선택이 아닌 필수!

무엇보다 읽는 사람을 배려하자

먼저 주제를, 주제는 글의 영혼

제재를 찾아라, 제재는 주제의 육체

개요를 만들자, 개요는 글의 뼈대

글은 단어 문장 단락의 연합체

고치면 고칠수록 좋은 글이 된다

글쓰기는 선택이 아닌 필수!

우리는 글쓰기 능력이 학교와 사회에서 경쟁력이 되는 시대에 살고 있다. 언뜻 보면 글쓰기가 자신의 전공과 일단 무관하기에 직장과 사회에서 글쓰기 능력이 꼭 필요한 것인가 하고 의구심을 품을 수도 있을 것이다. 하지만 글쓰기는 전공 학업을 진행하고 그 성과를 학교와 사회에서 활용하기 위해 꼭 필요한 기초공부이다.

내가 심혈을 기울여 쓴 시험답안, 레포트, PT보드원고, 작품의 의도나 디자인 콘셉트(concept)를 설명한 글을 교수님이 읽고, 문장들에 오류가 있어 무슨 뜻인지 애매해 하거나, 무엇을 주장하며 무엇을 근거로 삼고 있는지 핵심 내용을 알기 어렵다면서 낮은 점수를 주셨다면? 그저 교수님을 원망하고 나의 글쓰기 능력에 잠시 실망하다가 그냥 방치하고 넘어가도 되는 것일까?

그렇게 해서는 곤란하다. 우리는 우리가 배운 지식과 견해를 활용하려면 그것들을 글로 표현할 수 있어야 하며, 그 글이 읽는 사람과 소통이 가능하면서 동의를 유도할 수 있어야 우리의 지식과 견해는 비로소 사회성과 효용성을 획득한다. 가까운 예로, 잘 쓴 '자기소개서' 한 편이 곧바로 취업 경쟁력이 되는 냉엄한 현실이 아닌가? 자신의 성취와 새로운 성취로 나아가려는 의지가 아무리 강력하더라도 그것을 제대로 표현하지 못한다면 무슨 소용이 있겠는가.

취업 이후에는 또 어떤가? 진짜 문제는 취업 이후가 아니겠는가? 회사에서 동료와 상사와의 공식적인 업무 소통은 다양한 문서로 이루어진다. 정보와 의견, 참조와 대책은 문서로 제시되었을 때에라야 비로소 상호 신뢰할 수 있는 근거가 된다. 말은 기록성이 없어 가감이나 왜곡이 일어나기 쉽기 때문이다.

아울러 인터넷이 발달하면서 글쓰기 비중은 더욱 증가하는 추세이다. 그에 따라 글쓰기 문제로 고통을 받는 직장인들도 증가하고 있다. 입사 1년차부터 스트레스가 쌓이고, 5년차가 되면 갈등이 심각해진다고 하며, 10년차가 되면 글쓰기 때문에 사표 내는 걸 고민해야 한다고도 한다. 즉 조사 보고서, 기획서, 비즈니스 레터 등의 글쓰기 능력은 직장에서 그 사람의 업무능력을 판별하는 하나의 중요한 기준이 되고 있다.

다시 말해, 글쓰기를 작가, 시인, 편집자, 신문기자를 떠올리며 전문가들의 특수 영역으로 한정짓지 말아야 한다. 말하기와 더불어 글쓰기도 모든 사람들의 사회생활에서 매우 중요한 비중을 차지하며, 비즈니스 실용문 쓰기 능력은 모든 직장인의 업무 추진에서 필수 요건이다. 그럼에도 우리는 글쓰기가 힘들어 회피하였고 그 필요성을 절실히 느끼지 못해 그 공부를 늘 미루기만 하였다.

무엇보다 읽는 사람을 배려하자

학교에서의 시험 답안과 보고서, 회사에서의 다양한 문서 역시 결국은 타인에게 전달되어 읽히는 일종의 공적인 글이다. 그렇기에 특히 실용 장르의 글은 읽는 사람을 고려해 쓸 필요가 있다. 자신이 작성한 글을 상대방이 일단 쉽게 이해할 수 있어야 한다. 이해야말로 소통의 관건이며, 설득의 단서이기 때문이다.

첫째, 그렇기에 모든 필자는 우선 자신의 글을 읽는 사람과 대면 대화를 하고 있지 않다는 사실을 명심하여야 한다. 오직 문장과 문장으로서만 판단과 의견을 전달해야 한다. 따라서 문장으로 내용은 물론 대화 때의 상황, 표정, 몸짓까지 다 고려하여 표현할 수 있어야 할 것이다.

둘째, 서술 관점의 문제이다. 글은 필자 자신의 입장에서 쓸 수 있고, 글의 대상(문제) 입장에서 쓸 수 있으며, 또 읽는 사람의 입장에서도 쓸 수 있다. 이 셋 중에서 세 번째가 가장 바람직하다. 이를 전제하지 않으면, 자신의 입장에서 쓰게 되거나 문제 자체에 매달려 읽는 사람이 내용 이해에 어려움을 느끼기 쉽다. 따라서 필자는 자신이 쓰는 글의 주제가 무엇인지 분명하게 부각하여야 하며, 그 주제를 이해시킬 수 있는 사항이나 자료를 거론해야 한다. 아울러 관습화된 형식을 준수하여 소통을 쉽게 하고 불필요한 부연은 삼가야 한다. 뿐만 아니라 문장은 정확하고 평이해야 한다. 그럴 때에라야 읽는 사람이 글의 맥락을 쉽게 이해하고 문제를 선명하게 파악할 수 있다. 그래야만 독자와의 소통뿐만 아니라 설득도 가능하다.

셋째, 자신이 쓰는 글에 대해 독자들이 필자만큼의 애착과 배경 지식을 가지고 있다고 생각하지 말아야 한다. A사의 신약(新藥) 연구실 직원이 신제품 출시 제안을 위해 프레젠테이션 원고를 작성한다고 가정해보자. 그 자리에 CEO는 물론 기획부, 경리 홍보부, 영업부, 총무부 등 각 부서의 간부와 직원들이 모여 있을 것이다. 그들에게 자신들이 개발한 신약의 성분과 효능을 여러 전문용어와 화학식을 동원한 PT보드 문안으로 설명한다면, 그 분야에 무지한 사람들은 이해는커녕 짜증만 날 것이다. 그것은 곧 프레젠테이션의 실패가 아닐 수 없다.

이처럼 실용문일 경우 더욱 독자의 이해를 배려하여야 한다. 소통을 실현하기 위해 무엇보다도 자신의 메시지를 쉽고 분명하게 전달해야 한다. 그 방법으로 우선 PREP 법칙을 기억해 두면 효과적이다.

Point - 전달하고자 하는 핵심은 무엇인가?
Reason - 핵심이 나오게 된 배경이나 이유를 제시하고 있는가?
Example - 적절한 예로 이해를 돕고 있는가?
Point - 요점을 요약하고 있는가?

먼저 주제를, 주제는 글의 영혼

주제란 글 쓰는 이가 독자에게 전달하고자 하는 중심생각이다. 즉 글 쓰는 이의 의도의 핵심을 주제라 할 수 있다. 주제를 설정하면 글의 초점을 형성할 수 있고 관련 제재를 모색할 수 있게 된다. 거꾸로 여러 제재에서 주제를 추출하거나 선별할 수도 있다.

간단한 실용문에서도 당연히 글의 주제가 존재한다. 실용문의 주제 설정에서 고려해야 할 두 가지 조건을 검토해보자.

첫째, 대부분의 실용문에서 주제는 바로 그 안건 자체이기에 필자는 안건은 물론 관련 사정에도 정통하여야 한다. 해당 업무의 개념을 위주로 하여 관련 용도와 의도를 추가하면 주제가 되기 때문이다. 또 이 주제를 문서의 제목으로 드러내야 글 전체의 전달 효과가 높다. 예를 들어 내가 A전자의 스마트폰 영업담당 직원이다. B사 구매과 직원에게 A전자의 신제품 스마트폰 구매 요청을 희망하는 비즈니스 레터나 공문서를 쓸 경우, 주제는 '귀사에서 저희 회사 신제품 스마트폰을 구매해주기를 요청합니다'가 될 것이다. 글의 제목으로는 '신제품 스마트폰 구매 요청 건' 정도면 무난할 것이다. 본문에서는 물론 구매 결정을 촉진하기 위해 신제품 스마트 폰의 장점을 서술해야 한다.

둘째, 제안서, 작품설명서, 광고카피 등에서는 창의성이 요구된다. 즉 이런 글들은 주제 자체가 새로우며 효율성도 있어 독자의 주목을 끌고 흥미를 유발해 읽는 사람을 집중하게 할 수 있어야 한다. 이미 다른 사람이 먼저 제기하였거나 반복한 것을 거듭하는 상투적인 내용이라면, 독자는 그런 글을 읽으려 하지 않을 것이다.

이상 두 조건은 실용문의 장르에 따라 별도로 적용되기도 하지만 어느 쪽이든 주제 고려에서 종합하면 좋다. 그 사례로 광고카피의 경우를 생각해볼 수 있다. 소비자에게 인상적인 문구를 각인시키기 위해 광고카피 문구에는 말 그대로 촌철살인의 표현이 요구된다. 글을 쓰는 이는 짧지만 강렬한 문구를 산출하기 위해 제품의 콘셉트나 특징을 구체적으로 이해하고, 이를 토대로 무엇을 새롭게 부각할 것인가를 판단해야 한다.

가령 C사의 신제품 MP3는 타사 제품보다 튼튼하고 디자인이 수려하고 기능도 다양하고 음질도 좋다. 이 모든 것을 종합하는 광고카피를 쓴다면 아마도 '좋다' 정도일 것이다. 그러나 이런 문구는 얼마나 진부하고 막연한가? 다양한 기능 중 부각할 점을 선별하였다면 이에 초점을 맞춰 주제 카피를 지어야 한다. 그 기능을 개념 그대로 드러내서는 대중의 주목을 끌기 어렵기에, 쉽고도 재미있는 메시지와 이미지로 장점을 드러내야 할 것이다.

제재를 찾아라, 제재는 주제의 육체

제재란 주제를 구체화하기 위해 사용하는 글의 재료이다. 제재는 될 수 있으면 다양하고 풍부하게 마련하고 나서 요약하는 것이 좋다. 그 선택 조건도 주제 설정하기 때와 마찬가지인데, 자신이 직·간접으로 경험한 세계에서 제재를 발견한다면 금상첨화일 것이다.

다시 광고 카피로 돌아가보자. D사의 신제품 자동차는 레저를 즐기는 삼십대 남성을 주 소비층으로 겨냥해 출시되었다. 아마도 주제는 '삼십대 남성이 주로 레저용으로 쓸 신차가 출시되었습니다' 정도일 텐데, 이를 뒷받침할 제재로는 어떤 것이 좋을까?

삼십대 남성들에게 차를 선전할 광고 문구를 만들기 위해서는 일단 다음과 같은 단어들이 떠올라야 하지 않을까? 열정, 젊음, 역동성, 모험, 대자연…… 이와 같은 것들이 주제를 뒷받침하는 제재 단어들이고, 이를 단서로 확대·연장한 메시지들이 구체적인 제재라고 할 수 있다.

여기에 황혼, 노인 같은 단어나 그와 관련된 메시지가 제재로 어울리지 않을 것은 당연하다. 각 제재들 사이에 통일성이 필요하다는 사실도 잊지 말자.

한편 자신이 의도한 주제를 제대로 구현하기 위해서는 주제에 관련된 참고자료를 찾아야 한다. 요즘은 필요한 자료를 인터넷에서 찾는 사람들이 많다. 하지만 인터넷에 떠도는 무수한 자료들 대개는 고급한 정보라기보다 누구나 알고 있는 수준의 것들이다. 보다 깊이 있는 제재를 마련하기 위해서는 도서관에 가서 참고문헌을 찾아야 한다. 심화된 제재를 찾기 위해 컴퓨터 앞에서 일어나 당장 도서관으로 가자. 거기에 우리의 상식과 시야를 뛰어 넘는 자료가 우리를 기다리고 있다.

"구슬이 서말이라도 꿰어야 보배"라는 속담이 있는데, 수집한 자료들은 아직 평범한 구슬들에 불과하다. 그것을 의미 있게 활용하기 위해서는 일정한 체계로 정리할 필요가 있다. 색깔별, 무늬별, 투명성 등의 기준으로 말이다. 그렇게 각각의 구슬들을 유사성과 목적에 따라 잘 분류하는 것이 자료의 정리이다. 평소 관심 있는 분야의 신문기사나 책의 문면을 복사해 스크랩해 놓는 것도 일종의 자료정리에 해당된다고 하겠다. 자, 이제 다양한 구슬들을 사용할 때가 되었다.

개요를 만들자, 개요는 글의 뼈대

제재가 정리되었다고 하더라도 글쓰기를 시작하기가 쉽지 않다. 제재들을 어떤 순서로 어떻게 서술하여야 할지 여전히 막연하기 때문이다. 이 문제를 해결하며 자신감을 가지기 위해 우리는 글쓰기에 앞서 개요를 짤 필요가 있다. 주제, 제재, 형식을 종합 고려하여 무엇을 어떻게 쓸 것인지를 고려하는 작업을 구상이라고 하는데, 개요는 그 구상의 구체 결과물이다. 즉 개요란 글 전체를 전제하고, 그 내용을 형성할 작은 제재들을 성격과 목적에 따라 중간 범주로 묶고 또 상호 관련에 따라 적절한 순서로 배치하는 작업이다.

다시 말해 개요를 작성하고 글을 쓰면 그 진행이 한결 수월해지며, 글에 균형과 조화가 이루어지고 체계와 논리가 선다. '우리 회사의 회식문화는 개선되어야 한다'는 주제로 삼단구성의 제안서를 쓰려 한다면 대략 다음과 같은 개요가 필요할 것이다.

주제문 : 우리 회사의 회식문화는 개선되어야 한다.

Ⅰ. 서론 : 회식문화가 회사와 가정에 미치는 영향

Ⅱ. 본론 : 사내 회식문화의 문제점

1) 상사 중심

2) 술자리 중심

3) 단합보다 갈등 발생

4) 2차, 3차, 긴 시간 소모

Ⅲ. 결론 : 문제점과 개선 방안

개요 없이 대충 쓰기 시작하는 경우와 대조되지 않는가? 개요를 참고하면 자신이 의도한 방향으로 글을 전개하기가 용이하다. 개요에 따라 자신의 생각과 준비한 자료를 활용해 서술하면 질서 있는 한 편의 글이 되는 것이다.

하지만 개요가 잘 작성되었더라도 막상 써보면 뜻대로 글이 진행되지 않는 경우가 허다하다. 모든 것을 다 준비했는데도 왜 글이 잘 안 써지는 것일까? 우리는 지난 경험을 통해 이미 그 이유를 알고 있다. 글을 많이 써보지 않아 제재의 구체 서술에 요구되는 어휘력과 문장력이 부족하고 논리적인 문맥을 조성하며 필요한 부연을 보충하는 배려에 서투르기 때문이다. 자신에게 부족한 문제점들을 차근차근 개선해나갈 필요가 있다. 우리는 II장에서 여러 실용 장르를 이해하면서 실제 쓰기를 시도할 것인데, 이 과정에서 문제점들을 투명하게 자각하고 공부하면, 많은 진전을 이룰 수 있을 것이다.

글은 단어 문장 단락의 연합체

한편의 글은 단어, 문장, 단락의 종합으로 구성된다. 적합한 단어가 정확한 문장을 구축하고, 정확한 문장들은 통합성 있는 단락을 생성하며, 이러한 단락들이 모여 글의 구조를 완성한다.

단어

단어는 작은 생각을 나타내는 낱낱의 말이자 문장의 일부이다. 실용문의 단어 사용에서 고려할 점은 단어의 지시적 의미이다. 자기소개서나 광고카피 등에서는 내포적 의미를 사용하는 예외가 있고 그 경우에는 그것이 바람직하지만, 실용 비즈니스 글쓰기에서는 단어를 대체로 지시적 의미로 사용해야 한다. 글 내용의 논리성, 정확성, 객관성은 단어의 지시적 의미에서 비롯되기 때문이다.

지시적 의미는 사전의 뜻풀이와 같이, 단어의 뜻이 사회적으로 공인되어 누구에게나 같은 뜻으로 이해되는 공적 의미이다. 내포적 의미는 글쓴이가 조성한 문맥, 혹은 읽는 사람이 어떤 연상 작용으로 조성되는 사적 의미로, 정서를 환기시키는 데 효과적이다. 기상예보 문장의 '이슬'과 시행(詩行)에 사용된 그녀의 눈에 맺힌 '이슬'이 그 사례들이다. 전자는 "공기가 식어 노점(露店) 아래로 내려갈 때, 공기 중의 수증기가 물체의 표면에 엉기어 생긴 작은 물방울"이라는 의미이고, 후자는 어떤 정서로 유발된 '눈물' 혹은 '아련한 슬픔'을 의미하는 것이다.

문장

문장은 하나의 생각이나 느낌이 나름의 완성된 메시지로 종결된 단어연합의 문변이다. 단어들은 문장 내부에서 성분(주어, 서술어, 목적어, 보어, 관형어, 부사어, 독립어)이 되는데, 이 성분들이 서로 호응을 이루면서 수식이나 연결 관계가 분명해야 정확한 문장이 된다. 비문은 그것들이 어긋나 메시지의 객관 정립과 전달에 실패하는 문장이다. 글의 내용이란 결국 문장들의 메시지들로 이루어진다. 무엇보다 정확한 문장을 써야 글의 목적을 달성할 수 있다. 정확한 문장의 비중을 고려하여 「자기소개서」에서 발견된 여러 비문과 수정 사례를 제Ⅲ장에 별도로 실었다. 꼭 참조하기 바란다.

단락

한 편의 글은 단락들로 구성된다. 단락은 글 전체 주제에 관련된 작은 주제를 표현하기 위해 여러 문장이 협력해 이룬 독립된 단위이다. 단락은 나름대로 완결된 의미를 지녀야 한다. 그렇게 하려면 반드시 그 주제를 서술한 중심문장과 중심문장을 부연·설명하는 보조문장들이 적절히 있어야 할 것이다. 다음 글을 두 단락으로 나누고 각각 그 짜임새를 살펴보며 단락의 의미를 이해해보자.

> 개요가 잘 작성되었더라도 막상 써보면 뜻대로 글이 나오지 않는 경우가 허다하다. 이는 일반인들뿐 아니라 일류 작가들도 늘 겪는 고통이다. 그러니 글이 잘 안 써져도 자신이 무능하다고 한탄할 필요는 절대 없다. 그렇다면 모든 것을 다 준비했음에도 왜 글이 안 써지는 것일까? 그에 대한 답을 우리는 지난날의 경험을 통해 이미 알고 있다. 우리가 실제 글쓰기를 어려워하는 가장 큰 이유는 글을 많이 써보지 않았기 때문이다. 그래서 많은 사람들은 글쓰기에 일종의 공포심을 지니고 있다. 그 공포심은 거듭 밝히지만, 일류 작가들에게서조차 나타나는 증상이니 미리부터 두려워할 필요는 없다.

고치면 고칠수록 좋은 글이 된다

집필 중에 글을 고치기도 하지만 다 쓴 후에도 여러 차례 고쳐야 글의 완성도가 높아진다. 처음 쓴 글, 즉 초고(草稿)를 고치는 행위를 퇴고(推敲)라 한다. 많은 이들이 어렵사리 한 편의 글을 끝내면 그것만으로 글이 완성되었다고 여긴다. 하지만 언제나 그것은 미완이다.

모든 일에 마무리가 있고 제품도 검증을 거쳐야 제대로 된 상품이 되는 것과 같이, 초고를 흠결 없는 글로 만들기 위해서는 후속 점검이 반드시 필요하다. 다듬는 공력을 들이면 들일수록 글이 더욱 좋아진다는 사실을 명심하자.

특히 숫자 하나에 따라 손익이 갈리는 회사 문서의 경우 더욱 세심한 주의를 요한다. 일반적으로 고쳐쓰기의 3원칙은 다음과 같다.

① 부가의 원칙 : 부족하거나 빠뜨린 내용을 보충하기

② 삭제의 원칙 : 필요 없거나 중복되는 부분을 제거하기

③ 재구성의 원칙 : 문맥과 논리의 전개를 보다 효율화하기 위해 문장이나 단락을 다시 배치하기

뿐만 아니다. 글의 주제와 목적이 자신의 의도대로 또 명료하게 드러나고 있는지 다시 점검해보아야 하며, 특히 주어와 서술어가 호응되고 있는지를 살피며 비문을 바로 잡고, 문장과 문장이 조성하는 문맥이 자연스러운지, 단락들에 자족성과 통일성이 있는지, 단락과 단락이 잘 접속되고 있는지, 적합한 단어가 사용되고 있는지, 철자표기, 띄어쓰기, 문장부호가 정확한지 꼼꼼하게 따져볼 필요가 있다.

제 Ⅱ 장

실용 장르 이해와 테크니컬 요령

1. 시험답안 쓰기
2. 이력서 쓰기
3. 자기소개서 쓰기
4. 기안서 쓰기
5. 비즈니스 메모 쓰기
6. 비즈니스 레터 쓰기
7. PT 보드 문안 쓰기
8. 기획서(제안서) 쓰기
9. 가정통신문 쓰기
10. 호텔과 관광지 안내문 쓰기
11. 광고 카피 쓰기
12. 트위터 글쓰기
13. 문화·시사비평 쓰기
14. 인터넷 글쓰기
15. 제품사용 설명서

1. 시험답안 쓰기

대학에서 시험답안을 잘 작성하는 것은 당장 자신의 학점과 연관된다. 그런 점에서 시험답안에는 학술적 성격과 실용적 측면을 모두 지니고 있다. 학생들의 시험답안 중에는 열심히 공부한 흔적은 보이는데 작성요령이 미흡하여 실력을 온전히 표현하지 못했다는 느낌을 주는 것들이 있다. 자신의 실력을 충분히 발휘할 수 있도록 답안 작성 요령을 익힐 필요성은 그래서 제기된다.

대학에서의 시험답안 유형은 대개 논술유형이다. 논술유형은 '설명형'과 '서술형'으로 크게 나뉠 수 있다. 설명형의 전형은 수업시간에 교수로부터 배운 이론적인 내용을 학생들이 제대로 이해하고 있는가를 확인하려는 답안양식에서 볼 수 있다. 가령 유아교육과 전공시험에 교수자가 '유아의 심리기제 중 '퇴행(退行)'을 설명하시오'라는 문제를 출제했다고 하면, 학생은 퇴행의 정의(定義)와 특징 및 문제점을 학습한 대로 답안을 작성하여야 한다. 즉 기존 지식의 정확한 재현이어야 하며 채점 기준도 그러하다.

이에 비해 서술형은 학습한 지식을 바탕으로 자신의 견해를 덧붙이는 형태이다. 서술형은 설명형에 비해 한층 수준이 높은 문제라 할 수 있다. 서술형 답안은 우선 설명형 답안을 작성할 능력이 있을 때에라야 가능하다. 그래야 자신의 의견을 덧붙일 수 있기 때문이다. 유아교육과 학생의 시험에 '어린아이에게 동생이 생기자 자기도 젖먹이처럼 행동하는 것을 퇴행이라 보는 견해에 대한 자신의 입장을 서술하시오'라는 서술형 문제가 출제되었다면, 학생은 답안을 작성하기 위해 퇴행 관련 지식을 서술하고, 최종적으로 자신의 의견을 제시하여야 한다. 채점 기준은 관련 지식 및 견해의 타당성인데, 후자가 더 중요하다.

어떤 출제 형식이든 올바른 답안을 작성하기 위해, 학생들이 교수의 강의 내용을 제대로 이해하고 있어야 하는 것은 기본이다.

우리 대학 학생들의 서술형 답안지를 통해 답안 작성에 관한 문제를 지적해보고자 한다.

- **글쓰기에서 창의성이 필요한 까닭에 대해 서술하시오.**

〈학생답안 1〉 이 세상에는 여러 글들이 매우 많다. 그런 글 중에서도 비슷한 글들이 많은데 자신의 글이 더 눈에 띄고 인정받고 싶다면 당연히 창의성이 있어야 한다고 생각한다.

〈학생답안 2〉 글쓰기에서 창의성이 필요한 까닭은 사람들이 항상 새로운 것을 추구하기 때문이라 생각한다. 우리는 지루한 것을 싫어하며 이미 익숙한 것들보다 새로운 것을 좋아한다. 똑같은 스토리나 다른 사람들과 비슷한 내용들은 사람들에게 신선함을 주지 못한다. 그래서 사람들에게 새로운 면을 전달하기 위해 글 쓰는 이는 창의성을 발휘해야 한다.

〈학생답안 3〉 사람 각자마다 보는 관점이 다르고 생각하는 것 역시 차이가 있다. 그것을 개성이라 할 수 있는데, 같은 문장과 내용을 담은 글이라 해도 그 속에 자신의 개성을 표출하고 진부하지 않은 창의적이고, 개성적인 무엇을 창출하면 독자에게 보다 큰 재미와 감동을 줄 수 있다. 즉 새로운 것에 대한 설렘과 신비감을 줄 수 있다는 것인데 그것의 원동력이 바로 창의성이다.

세 학생 모두 나름의 관점에서 적절한 답안을 도출했다. 하지만 위 세 답안 전체를 합친 것이 한 학생의 답안이었으면 더욱 좋았을 것이다. 1번 답안은 당위적 주장에 불과하다. 2번 답안은 조금 더 부연·상술이 되어 있다. 3번 답안은 글쓰기에 창의성의 필요성을 적절히 연계해 교수자의 출제의도에 비교적 부합하고 있다. 하지만 보다 더 사고하여 더 많은 논거와 주장을 펼쳤으면 하는 아쉬움이 있다. 아울러 자신의 주장을 펼치는 논리적 근거가 일반적이고 상식적이라는 점도 지적할 수 있겠다.

2. 이력서 쓰기

이력서(履歷書)는 취업이나 전직을 위해 작성자가 자신의 신상(身上) 관련 기본정보를 제시하는 서류이다. 즉 이름, 생년월일, 주민등록번호, 호적관계, 주소, 전화번호, 이메일 주소는 물론, 학력, 경력, 기타 활동, 상벌 및 자격사항, 특기 등을 사실 그대로 간략하게 정리하여, '저는 이런 사람입니다'하고 밝히는 서류인 것이다.

따라서 「자기소개서」와 면접보다 비중이 떨어진다고 여기며 그 작성 또한 쉽다고 생각하겠지만, 문면의 의미를 고려하면 꼭 그렇다고 하기 어렵다.

이력서 작성에 있어 우선 고려하여야 할 것은 이력서가 지원자의 첫인상을 결정한다는 사실이다. 이력서는 인사 담당자가 채용 전형에서 수백 수천 지원자 중 자기 기업에 필요한 인재를 선별하는 작업의 첫 자료이다. 숙련된 인사 담당자는 수백 수천 지원자의 이력서를 10초 내외로 검토하면서 그 내용은 물론 형식에 조금이라도 잘못이 발견되면 미련 없이 버린다. 기업의 입장에서는 이력서 검토가 자기회사에 적합하지 않는 사람을 쉽게 여과하는 과정이기도 한 것이다.

한마디로 이력서에서 취업의 첫 관문 통과 여부가 결정된다. 아무리 다른 조건이 훌륭하여도 그것들은 차후의 문제이다. 첫 인상을 흐리면 이후 전형에 참가할 수조차 없게 되는 것이다. 작성자는 '시작이 반'이라는 격언을 떠올리며 신중하게 이력서를 작성할 필요가 있다. 참고로 요즘 일부 기업에서 프레젠테이션 형식의 동영상 이력서를 요구하기도 하지만 기존의 서류 이력서가 여전히 대세이다. 이력서 서식을 기업이 제공하면 그에 맞춰 작성하면 된다. 시중에서 판매되는 일반 서식에는 응시부문, 전화 번호, 휴대전화 번호, 이메일 주소, 기타사항 등의 항목이 설정되어 있지 않아 일반 서식을 기본으로 하여 그것들을 추가하거나 구성을 달리해 사용하여야 한다.

기재방법과 주의사항

(1) 오직 사실 그대로 만을 써야 한다.

이미 언급된 대로 이력서는 자기소개서처럼 가치관이나 주장 등 주관적 성찰을 펼치는 장이 아니라, 신상 정보를 사실 대로만 적는 서식이다. 없는 사실을 만들거나 사실을 과장해서는 안 된다. 이럴 경우 취업에 성공한다 하더라도 곧 문제가 발생하며 입사가 취소되는 경우도 있다.

(2) '호주와의 관계'는 호주와 작성자(나)의 관계가 아니다. 이 항목에는, '내가 호주에게 무엇이 되는지'를 적어야 한다.

부, 모, 자, 부녀, 모자, 모녀, 혹은 조손이라고 잘못 적는 사례가 많다. '호주와의 관계'를 적는 란에서 자주 발견되는 오류이다. 이는 작성자의 부주의라기보다는 항목 명칭의 개념이 모호하기 때문이기도 하다. 하지만 주의해서 정확하게 적자. 자신이 1남1녀의 첫째라고 하더라도 아들이면 '장남' 혹은 '맏아들', 딸이면 '장녀' 혹은 '맏딸'이라 적는다.

(3) '응시부문' 항목은 이력서 상단 왼쪽에 설정하고 해당 사항을 적는다. 기업이 지원요강에서 부문을 나누지 않았다면 따로 기입할 필요가 없다.

(4) 학력, 경력, 자격 사항은 반드시 그 관련 시기를 왼쪽 란에 적어야 한다.

(5) 만일 구직자의 최종학력이 대졸이라면, '학력사항' 항목에는 최근 학력인 대학 사항부터 적고 그 다음에 고등학교를 적는다. 초등·중학교는 적지 않아도 된다.

대학은 학교 이름과 전공 과나 학부를, 고등학교는 학교 이름만 적는다. 입학과 졸업 시기는 년(年) 월(月)까지만 적어도 된다.

(6) '경력 사항' 항목도 최근 정보부터 적는다.

이 부분은 전직하려는 사람들만 그 경력을 적는 항목으로 알고 넘어가는 사례가 있다. 봉사활동, 인턴 근무, 해외어학연수, 동아리, 학생회, 교지편집부, 학보사, 방송국 활동, 시민사회단체 활동, 아르바이트 등 정규 학업 이외 교내외 활동을 적되, 그것이 많을 경우에는 지원 직종에 관련되는 것들만 적는다.

(7) '자격사항'란에는 정부나 정부가 인정하는 단체에서 시행하는 각종 자격시험에서 취득한 자격을 적는다. 자동차 운전면허 취득 사실도 자격사항으로 가능하다.

(8) 수상 사실이 있으면 '수상사항'을 설정해 기재한다.

(9) 인사서식에는 없지만 본인이 서식을 만들 경우, 이력서 하단에 '기타사항' 항목도 설정하여, 신장, 체중, 시력, 취미, 특기를 적자. 신상 정보 전달에 성의를 다하는 행동인데, 그것은 인사담당자에게도 호감을 줄 것이다.

(10) 이상 사항을 기재한 다음, 이력서 끝 세 줄의 첫 줄에 '위에 기재한 사항은 사실과 틀리지 않음을 서약합니다.'라고 쓰고, 둘째 줄에 년, 월, 일을 적고, 셋째 줄에 이름을 쓰고 도장을 찍는다.

(11) 다 쓴 뒤, 꼭 전체 기재 사실을 꼼꼼히 살펴 잘못 적은 것과 오탈자가 있으면 반드시 바로 잡아야 한다. 아울러 내용의 사실 기재 여부도 다시 확인한다.

(12) 자신의 이력서를 눈에 띄게 하려고 디자인을 하거나 여러 색을 넣는 사례가 있는데 불필요하다. 강조할 사항이 있으면(예를 들어 경력 사항에서 지원 분야와 관계있는 사항), 서체를 고딕이나 견명조로 바꾸거나 글자를 다른 색으로 처리하자.

(13) 이메일로 접수할 경우, 지원 의사를 제목으로 밝히고 간단한 인사말을 메일 본문에 적는다. 담당자가 파일을 열어보지 않고도 무슨 파일인지 알 수 있도록, 첨부하는 이력서파일에도 '이력서 – (지원 분야) - 김철수'라고 제목을 적어 발송한다(우편으

로 접수 받을 경우 하단 서약란에 인장을 똑바로 찍는 것에 신경 쓴다).

(14) 사진은 단정하고 부드러운 표정을 띤 준여권용 얼굴 사진을 사용하자. 지원자의 인상과 태도 파악에 큰 역할을 하는 만큼 짙은 화장과 지나친 표정의 스냅을 자제하자.

□ 이력서 일반 서식

<table>
<tr><td rowspan="3">사 진</td><td colspan="4">이 력 서</td></tr>
<tr><td>성 명</td><td colspan="2">㊞</td><td>주민등록번호

</td></tr>
<tr><td>생년월일</td><td colspan="3">년 월 일생 (만 세)</td></tr>
<tr><td>주 소</td><td colspan="4"></td></tr>
<tr><td>호적관계</td><td>호주와의 관계</td><td></td><td>호주 성명</td><td></td></tr>
<tr><td>년 월 일</td><td colspan="3">학력 및 경력사항</td><td>발 령 청</td></tr>
<tr><td></td><td colspan="3"></td><td></td></tr>
<tr><td></td><td colspan="3"></td><td></td></tr>
<tr><td></td><td colspan="3"></td><td></td></tr>
<tr><td></td><td colspan="3"></td><td></td></tr>
<tr><td></td><td colspan="3"></td><td></td></tr>
<tr><td></td><td colspan="3"></td><td></td></tr>
<tr><td></td><td colspan="3"></td><td></td></tr>
<tr><td></td><td colspan="3"></td><td></td></tr>
<tr><td></td><td colspan="3"></td><td></td></tr>
<tr><td></td><td colspan="3"></td><td></td></tr>
<tr><td></td><td colspan="3"></td><td></td></tr>
<tr><td></td><td colspan="3"></td><td></td></tr>
<tr><td></td><td colspan="3"></td><td></td></tr>
</table>

3. 자기소개서 쓰기

자기소개서란 무엇인가?

자기소개서는 크게 말해 스스로 자기가 어떤 사람인지를 밝혀 기업이나 학교의 전형(銓衡)에 부응하려는 글이다. 즉, 취업, 진학, 편입, 이직 등에 반드시 필요한 글이다.

먼저 자기소개서의 유일한 독자가 기업과 학교에 적합한 인재를 선발하려하는 기업의 인사 담당자나 학교의 진학 담당자라는 점을 명심하자. 자기소개서가 단순히 자신을 소개하는 데에 그쳐서는 곤란한 이유가 여기에 있다. 자기소개서는 이들의 인사 기준에 적합한 내용으로 채워져야 한다. 다시 말하면 이들이 소속한 집단이 요구하는 능력과 미래상에 부합해야만 자기소개서로서의 기능을 다했다고 할 수 있다.

자기소개서는 '서류 전형'의 단계에서 제출하게 된다. 이 단계의 다음은 '면접'이다. 지원자를 처음 만나는 기업의 인사 담당자나 학교의 진학 담당자가 면접에서 자기소개서를 참조하는 것은 당연한 일이다.

그러므로 자기소개서는 진실해야 한다. 자기소개서를 참조한 면접관의 질문에 제대로 응하지 못하면 그 결과는 불을 보듯 뻔하다.

이상에서와 같이 자기소개서를 개략적으로 이해하였다면, 아래 '자기소개서 작성에 필요한 기본 태도'에 동의할 수 있을 것이다. (1)~(4)는 위의 둘째 단락에, (5)~(6)은 위의 셋째 단락에 각각 부합하는 사항들이다.

자기소개서에 요구되는 기본적인 태도

⑴ 읽는 사람을 고려한다.

자기소개서를 읽는 사람이 일반 개인이 아니고 회사 측의 입장에 있는 직원이라는 사실을 잊지 말자. 그 회사에 대한 평소의 관심을 언급하자. 관심 수준을 넘어 회사에 대해 조사하고 연구한다면 더욱 좋다.

⑵ 성의를 보인다.

회사에서 요구하는 특정 양식이 있다면 거기에 따라야 한다. 그러나 분량 제한이 엄격하지 않다면, 기업에서 요구하는 양보다 1/3 정도 넉넉하게 쓰는 편이 좋다. 글자 크기를 확대하거나, 여백을 두어 양을 채우는 일은 피해야 한다.

⑶ 간결하게 쓴다.

두 줄을 한 줄로 줄여 쓸 수 있는지 점검한다. 긴 문장은 의미 전달이나 해석의 어려움을 줄 수 있고 비문이 될 우려가 있다. 가능한 한

단문을 쓰자. 아울러 접속어는 되도록 쓰지 않는다. 내용 파악에 도움이 되도록 단락별로 행갈이를 하는 것도 좋다. 또 큰 단락에는 활자 크기를 달리하여 작은 제목을 뽑아도 좋다.

⑷ 통신언어나 축약어는 사용하지 않는다.

자기소개서는 사적인 내용을 담고 있지만 어디까지나 공식 문서이다. 인터넷이나 휴대전화에서 보편화된 통신 언어는 피한다. '~하였습다'라든가, '알바', '^^;'와 같이 축약된 말, 그림말(이모티콘) 등을 쓰지 않는다. 맞춤법, 표준어 규정에 따르고, 마지막으로 오자와 탈자가 있는지 두 번 이상 확인한다.

⑸ 있는 사실을 중심으로 쓴다.

내용의 과장이나 거짓은 면접 단계에서 드러난다. 면접은 자기소개서를 토대로 이루어지기 때문이다. 따라서 자신이 잘 알고 있고, 충분히 설명할 수 있는 사실을 쓴다.

⑹ 구체적으로 사례를 들어 쓴다.

자신의 경력을 유형별로 나열하는 것이 아니라, 그 경력을 통해 얻은 교훈이나 기술 등을 구체 사례를 들어 기술한다. 즉 필리핀에서 영어연수를 받았다고 막연하게 쓰지 말고, 필리핀 어학연수 때 어느 과정에서 누구와 교류하며 무엇을 배웠다고 쓰면 더욱 설득력이 있을 것이다. '열심히 하겠다', '최선을 다 하겠다' 등의 표현도 피한다.

자기소개서의 필수 기재 사항

여기에서 살필 것은 자기소개서가 일반적으로 요구하는 서술항목들이다. '성장과정', '성격 취미 특기', '학교생활', '지원동기와 포부'가 그것이다. 그런데 이들 항목의 일부를 이력서나 지원서에서 이미 밝힌 바 있다는 사실을 떠올리도록 하자. 가령 가족관계나 출신 학교와 학과 등은 그것들의 기본 기재항목이다. 그것들과 내용이 겹치는 자기소개서가 매력이 없으리라는 것을 새삼 깨우쳐줄 필요는 없을 것이다. 따라서 아래의 설명에 대해 고려한 다음, 이들 항목을 쓰도록 해야 한다.

(1) 성장과정 : 부모나 가족과의 관계도 중요하다. 그러나 그 언급에 치중하기보다는, 그들과의 관계와 경험이 자신의 삶에 큰 영향을 끼쳤던 사례를 제시하라. 나아가 단순한 제시에 그치지 말고, 그러한 사례가 나를 어떻게 성장시키고 바꾸었는지 설명하라.

(2) 성격소개 : 누구나 다양한 성격과 성향을 가지고 있다. 자신이 지원하는 분야에서 어느 측면을 더 필요로 하고 요구하는지 먼저 생각해보아야 한다. 입사 후에 맡게 될 업무를 잘 처리하기 위해 신중함과 결단력 가운데 어느 쪽이 더 요구되는가? 실제와 다른 거짓말을 하라는 뜻이 아니다. 지원 분야의 업무와 관련하여 자신의 성격이나 성향을 설명하라.

(3) 학교생활(봉사, 연수, 직무 관련 경험 포함) : 학교에서 무엇을

배웠는가를 알리려고 할 때 중요하게 고려할 점은, 자신의 교육 경험이 지원 회사의 업무 분야와 일치하느냐를 먼저 따져보는 것이다. 그리고 그 가운데 핵심 사항을 집중 강조하는 편이 좋다.

(4) 지원동기와 포부 : 지원 회사가 어떤 회사인지 관련 정보를 사전에 수집하자. 회사의 홈페이지를 방문하면 경영이념, 기업문화, 특성 등을 파악할 수 있다. 또 그 회사에서 중시하고 강조하는 용어도 알 수 있다. 제약회사라면 '생명존중', 건설회사라면 '기술입국' 등을 애용하고 있을 것이다. 회사의 기업정신과 자신의 장래계획이 부합하는 면을 찾아라. 자신이 입사해야 하는 명확한 이유와 향후 비전과 계획을 기술할 수 있을 것이다. '같이 일하면 좋겠다'는 느낌을 강력하게 전달할 수 있어야 한다.

자기소개서의 기획과 구성 방법

목적을 상기하자. 다시 말해 자기소개서는 단순히 자기를 소개하는 글에 그쳐서는 안 된다. 자신이 지원하는 회사에 '적합한' 인재임을 힘껏 주장하는 글이 되어야 한다. 말하자면 자기소개서는 한 인재의 '성장담'이자 '일대기'이다. 그러므로 그것은 그대로 한 편의 '드라마'여도 무방하다. 이 이야기에서 자기 자신이 주인공임은 말할 것도 없다. 그리고 이 이야기의 결말은 지원 회사에 입사해서 지원자가 회사와 함께 '자아 성취'를 이루는 것이 되어야 한다.

그러나 앞에서 다루었듯이, 자기소개서는 '허구'여서는 안 된다. '진실'을 토대로 해야 한다. 따라서 자기소개서라는 한 편의 이야기를 구성하는 데에 있어서 중요한 것은 '진실'을 '배치'하는 방법이다. 아래의 4단계는 자기소개서를 기획하고 구상하는 하나의 방법이다.

(1) 단어 수준에서 발상하라 : 자기소개서 필수 항목 각각에서부터 연상되는 단어들을 써라. 이른 바 '키 워드들'이다. 이때 그 어휘가 지나치게 적거나 많아서는 안 된다.

(2) 문장 수준으로 전개하고 발전시켜라 : (1)의 결과를 단서로 하여 문장을 만들고, 이어 관련 배경이나 정황 등 필요한 정보를 부연한다.

(3) 논리적으로 연결되는 한 편의 글로 구성하라 : (2)의 결과로 얻은 각각의 이야기들을 조리에 맞도록 배치하라. 이때 (2)의 결과 중에서 쓸모가 없어진 부분은 축소하거나 삭제하라.

(4) 양괄식으로 강조하라 : (3)에서 중심이 되는 사항을 다시 검토하라. 그것을 중심내용으로 하는 양괄식의 글이 되도록 하라.

참고사항 : 기억해두면 좋은 네 가지 원리

(1) 가장 중요한 것을 먼저 쓴다.
담당자들이 수많은 자기소개서를 모두 읽기 어렵기 때문에 첫 문장에서 모든 것을 보여준다고 생각하라.

(2) 하고 싶은 일이 아니라 잘 하는 일을 먼저 쓴다.
자신이 그 동안 갈고 닦은 전문성에 대해 강조하고, 자신감이 부각되도록 쓴다.

(3) 미래형보다, 과거형, 현재완료형, 확정형을 쓴다.

(4) 범주를 좁혀 관련된 내용만 추려서 쓴다.
영업직에 지원한다면 처음부터 끝까지 영업과 관련 있는 내용만 쓴다. 특정 주제, 특정 영역만 다루면서, 어느 분야든 전문가로서의 자질을 보여주도록 한다.

참고사항 : 자기소개서에서 지워야 할 단어들

미국 CNN 인터넷판에는 '자기소개서에 적어서는 안 될 25개 단어들(25 words that hurt your resume)'이라는 제목의 글이 올라와 있다. 결론은 간단하다. 화려하지만 애매모호한 미사여구를 쓰는 대신 간단하지만 구체적인 성과를 제시하라는 것이다. 자신의 능력을 과대 포장하기보다는 있는 그대로 정확하게 보여줘야 한다는 뜻이다. 예를 들면 '서류작성 커뮤니케이션 실력 우수합니다(Excellent written communication skills)' 대신 '1만1000명의 사용자를 위해 알기 쉬운 설명서를 만든 적이 있습니다(Wrote jargon-free User Guide for 11,000 users)'로 적어야 좋다. '자기소개서에 쓰지 말아야 할 멋있지만 모호한 낱말 25개'를 예로 들면 다음과 같다.

△ 적극적인(Aggressive) △ 패기있는(Ambitious) △ 능력있는(Competent) △ 창조적인(Creative) △ 꼼꼼한(Detail-oriented) △ 단호한(Etermined) △ 능률적인(Efficient) △ 경험 많은(Experienced) △ 융통성있는(Flexible) △ 목표의식이 강한(Goal-oriented) △ 열심히 일하는(Hard-working) △ 독립심이 강한(Independent) △ 혁신적인(Innovative) △ 아는 게 많은(Knowledgeable) △ 논리적인(Logical) △ 자극하는(Motivated) △ 신중한(Meticulous) △막연한 의미의 사람(People, person) △ 전문적인(Professional) △ 믿을 만한(Reliable) △ 수완 좋은(Resourceful) △ 혼자서도 잘하는(Self-motivated) △ 성공적인(Successful) △팀웍이 좋은(Team player) △계획적인(Well-organized)

참고사항 : 호감을 이끌어내기 위한 정리법

(1) 일목요연하게 정리하라

△ 너무 크거나 작은 글씨체는 피한다.

△ 읽기 적당한 크기에 검정색 글씨로 작성하는 것이 좋다.

△ 특수 색이나 특수 글씨체, 10 이하의 작은 폰트는 피한다.

△ 불필요한 도표나 수식도 피한다.

△ 파격적인 양식은 지원 분야에 따라 결정한다.

(2) 자신의 장단점을 먼저 파악하라

△ 자기 평가는 주관적으로 하지 말고 객관적으로 한다.

△ 장점과 단점을 고르게 평가하고 전체적으로 긍정적인 자아상을 보여준다.

△ 다음과 같은 질문을 던져본다.

- 나는 다른 사람의 비판을 잘 견뎌낼 수 있는가?
- 나는 남이 시키는 일보다 스스로 알아서 할 때가 더 즐거운가? 그 이유는?
- 나는 여럿이 함께 일하는 것보다 혼자 일하는 것이 편한가? 그 이유는?
- 나는 사무실과 현장, 어느 쪽에서 일하는 것이 편한가? 그 이유는?
- 나는 규칙적인 일이 좋은가, 새롭고 도전적인 일이 좋은가? 그 이유는?
- 나는 (사람, 기계, 아이디어, 숫자, 책, 컴퓨터)와 함께 있을 때 가장 편하다. 그 이유는?
- 나는 화가 날 때____________을 한다. 왜냐하면 ____________때문이다.
- 나의 가장 큰 장점은?
- 나의 가장 큰 단점은? 고치려고 하는가? 어떻게?

(3) 상대가 원하는 바를 정확히 파악하라.

△ 자신에 대해 객관적으로 평가해본 뒤에 회사나 조직, 기

관의 특성을 자세히 알아보는 전략이 필요하다.

△ 그 회사의 경영철학, 규모, 역사, 전망, 채용기준, 보수와 승진 제도, 내외부의 평가 등 전반적인 정보를 미리 알아 둔다.

△ 채용하려는 인력에게 원하는 구체적인 능력, 기술, 직종 등이 무엇인지 알아본다.

△ 인터넷으로 원하는 정보를 다 알아내지 못한다면 전화를 걸어 문의해도 좋다.

△ 이렇게 파악한 뒤에 자신과 회사를 연결하여 다음과 같은 사항을 재검토해 본다.

- 회사가 요구하는 일을 하는데 나는 어떤 능력을 갖고 있는가?
- 내가 회사에서 얻을 수 있는 최고 목표는?
- 나는 회사가 발전하는 데 어떻게 공헌할 수 있는가?
- 나의 성장 과정이나 체험 가운데 어떤 점이 회사의 특성과 맞는가?
- 이 회사에서 일하면 나의 성장 발전에 어떤 점이 도움이 될 것인가?

기업이 요구하는 자기소개서의 최근 동향

앞에서 다룬 것은 자기소개서의 기본 구성에 필요한 항목이었다. 하지만 이 경우는 기업이 요구하는 자기소개서의 조건에 부합하는 정도의 분량일 뿐이다. 최근 주요 대기업들은 자기소개서의 주제와 그에 따른 분량을 지정해주는 경우가 많다. 이것은 지원자들이 제출한 자기소개서가 일정한 '틀' 안에 있을 때, 그것의 내용과 질을 차별화하고 평가하기 쉽게 할 목적으로 행해진다. 〈중앙경제(2010. 8. 27)〉에는 이와 같은 자기소개서의 새로운 경향이 실려 있다. 특히 두드러지는 사항들을 분류하면 다음과 같다.

(1) 강조형

ㄱ. 직무경험을 서술하시오. -롯데백화점

ㄴ. 살아오면서 가장 열정(도전 · 창의)적으로 임했던 일과 그 일을 통해서 이룬 것에 대해 상세히 기술하시오. -현대자동차

(2) 복합형

ㄱ. 타인에게 어필할 수 있는 귀하만의 '끼'와 '열정'을 자유롭게 표현해 주십시오.

(예 : 동영상, 오디오, 사진 등을 본인 블로그나 미니홈피에 등록한 후 주소를 링크해 주십시오.) -대우조선해양

ㄴ. KE 인재상 중 자신과 가장 근접한 항목과 향후 보완이 필요한 항목에 대하여 구체적인 근거를 제시하여 기술하시오. -대한항공

(3) 면접형

ㄱ. 자신의 성격이나 업무 스타일이 다르다고 생각한 사람과 함께 프로젝트 또는 활동을 해본 경험에 대해 기술하십시오. -STX

ㄴ. 자신에게 주어졌던 일 중 가장 어려웠던 경험은 무엇이었습니

까? 그 일을 하게 된 이유와 그때 느꼈던 감정, 진행하면서 가장 어려웠던 점과 그것을 극복하기 위해 했던 행동과 생각, 결과에 대해 최대한 구체적으로 작성해 주십시오. -SK텔레콤

유의해서 보아야 할 것은 이들 제한 조건 역시 보통 자기소개서의 요구사항에서 크게 벗어나지는 않는다는 사실이다. 오히려 위의 사례들은 자기소개서를 어떻게 써야 하는지를 구체적으로 지시해주는 가이드라인일 수 있다.

먼저 (1)의 사례는 각각 '학교생활'과 '성장과정' 항목의 내용을 심화하여 만든 항목들이다. (2)의 사례들은 '지원동기와 포부' 항목에 '성격 취미 특기'의 항목을 결합하여 만든 것들이다. 이들 각 항목의 내용을 심화시키고, 각각의 항목들을 논리적으로 연결시킬 수 있도록 노력해야 한다. (3)의 사례들은 면접의 질문들이 자기소개서의 요구 항목으로 제시된 경우이다. 면접의 질문들이 일반적으로 자기소개서를 토대로 한다는 점을 고려한다면, 자기소개서를 쓸 때에 명심해야 할 것이 분명해진다. 취업 준비생들은 면접에서 해당 기업의 인사 담당자들이 궁금해 할 것이 무엇인지를 고려한 다음, 그 사항에 초점을 맞추어 자기소개서를 써야 한다. 물론 면접에서 자주 묻는 질문에 대한 이해 역시 필요할 것이다.

〈연습과제〉

1. 자기소개서 필수 항목 중 2가지를 주된 주제로 삼아 1000자 내외의 자기소개서를 쓰라.

2. 최근의 시사 문제에 대한 긍정적이거나 부정적인 가치판단을 시도하라. 이때 자신이 겪은 중요한 인생의 경험을 잣대로 사용하라.

3. 전공과 관련하여 기업이 요구할 수 있는 자기소개서의 항목이 무엇인지 토론해 보자.

참고사항 : 자기소개서와 연결되는 면접 질문들의 예시

1. 본인과 가족관계
   - ▷ 자신에 대해 간단하게 소개해보라.
   - ▷ 자신의 장점과 단점에 대해 말해 달라.
   - ▷ 본인의 특기는 무엇인가.

2. 학창시절과 교우관계
   - ▷ 봉사 활동 경험이 있는가(봉사활동이 왜 필요하며 어떤 의미가 있는가. 무엇을 느꼈는가).
   - ▷ 동아리 활동은 어떤 것을 했는가(왜 택했는가. 자신에게 어떤 영향을 주었는가).

3. 전공, 연수, 아르바이트 경험
   - ▷ 대학에서 전공 외에 관심을 가졌던 분야와 이유는.

▷ 국내 혹은 국외에서 연수를 받은 적이 있는가.

▷ 해외여행을 통해 얻은 교훈이나 느낌을 말해보라.

4. 지원동기와 희망부서

▷ 우리 회사를 택한 이유는.

▷ 우리 회사에 대해 아는 대로 말해보라.

▷ 귀하가 지망하는/지망하지 않는 부서나 지역에 배치된다면.

5. 상사와의 관계

▷ 상사가 납득하기 힘든 지시를 한다면.

▷ 퇴근 시간이 훨씬 지났는데도 상사가 계속 일을 시킨다면.

6. 장래포부

▷ 10년/20년 후에는 어떤 일을 하고 있을 것으로 생각하나.

▷ 직장생활을 통해 이루고 싶은 목표가 있다면.

7. 최근의 시사상식

▷ 국제유가 변동에 대해 어떻게 생각하나.

▷ 소말리아 해적에 대해 국제사회는 어떻게 나서야 한다고 생각하나.

8. 특이한 질문들

▷ 머슴과 주인의 차이는 무엇일까.

▷ 본인만의 스트레스 해소법은.

※ 자기소개서 예문

(1) 오래 전부터 LG.Pillips LCD 입사를 꿈꿨습니다

저는 1남 2녀 중 장녀입니다. 집안이 넉넉하지 않았지만, 부모님의 노력으로 여동생, 남동생과 함께 밝게 자랄 수 있었습니다. 고등학교 시절부터 타인을 도와주고 챙겨주는 일에 관심이 생겨, 주말을 이용해 약 200여 시간 동안 다양한 봉사활동을 하면서 사회와 현실을 배웠습니다. 이러한 저의 노력이 남에게 조금이라도 도움이 될 때 자그마한 보람도 느끼곤 했습니다. 또 여러 직종에서 아르바이트를 하기도 하였는데, 그 경험으로 부모님의 노고를 조금이나마 실감할 수 있었습니다. 또한 그것을 통해 현실과 이상의 차이를 구체적 삶의 토대 위에서 바라볼 수 있게 되었습니다.

대학에 입학해 학업을 닦기 시작하면서부터 늘 취업을 염두에 두고 있었습니다. 그러던 중에 한 지인이 LG.Pillips LCD에 입사하였다는 소식을 듣게 되었습니다. 이미 LG와 Pillips의 합작 · 출범을 반겼던 저는, 제 전공과 관련하여 가능성을 꿈꾸며 진지하게 LG.Pillips LCD 입사를 생각하게 되었습니다. 2학년이 된 올해부터는 일주일에 두세 번 정도 LG.Pillips LCD 홈페이지에 접속해 공지를 읽으며 본격적인 입사 준비를 시작했습니다. 지난 여름방학 마지막 날에 저의 조건에 맞는 2년제대 졸업생 기능직 채용 공지가 올라왔습니다. 그날 밤은 기회가 왔다는 생각에 들떠, 잠도 오지 않을 정도로 기뻤습니다.

저의 취미는 비즈공예와 십자수입니다. 비즈공예는 작은 구슬

을 하나하나 꿰어서 많은 형상을 만들 수 있어 신기하고, 십자수는 한 땀 한 땀 수를 놓아 작품을 완성하는 과정의 인내와 진지성이 아름답습니다. 두 가지 모두 시간과 정성이 요구되지만 완성하면, 작품과 스스로에게 보람을 느낄 수 있어 행복해집니다. 취미에서 알 수 있듯, 저의 장점은 굳은 책임감으로 성실하고 꾸준히 할 수 있는 것을 좋아하고 잘 한다는 것입니다. 반대로 단점은 혼자 뭔가 만들고 완성해 내는 것을 좋아하다보니 개인주의적인 면모도 있다는 점입니다. 그래서 저는 단체 활동에 적극적으로 참여하려 하고, 남과 함께 하는 일에도 익숙해지기 위해 노력하고 있습니다.

초등학교 때는 피아노 연주를 하였는데, 내 손으로 직접 음악을 연주할 수 있다는 것이 좋았습니다. 중학교 때에는 도서부 활동을 하였습니다. 사서 직무를 배우며 책 정리도 하면서 제 주변의 물건을 제자리에 잘 정리하는 버릇도 생겼습니다. 앞에서 말하였듯이 고등학교 시절에 아르바이트를 시작하였으며, 봉사활동도 재미있게 하였습니다. 아르바이트는 패스트푸드점 보조로 그 기간이 모두 3개월가량 되었고 고객을 친절하게 맞이하는 인사와 점내 청결 유지가 얼마나 중요한지 배웠습니다. 봉사활동은 선도부원으로 일주일에 두 번 씩 정문 지도를 하였습니다. 등교하는 학우들의 모습을 보며 일상생활에서 복장과 표정이 매우 중요하다는 것을 깨달았습니다. 아울러 그것을 바람직하게 가꾸기 위해서는 평소 내면세계를 잘 가다듬어야 한다는 점을 절실히 느꼈습니다. 주말에는 복지관에 가서 아이들 간식을 준비하는 봉사활동을 했으며, 그 밖에도 여러 축제 준비나 청소년 관련 행사에 참여해 고등학교 때, 총195시간을 봉사활동 하였습니다.

대학 재학 시절에는 학업에 애쓰면서도 주말과 방학을 이용해 편의점, 제과점, 마트 등에서 아르바이트를 해 용돈을 벌었습니다. 주로 장사를 하는 곳에서 아르바이트를 했기 때문에 많은 사람들을 만났습니다. 거기에서 대화를 통해 사람들에게 상품을 팔고 제품의 장단점을 제대로 이해시킨다는 것이 정말 힘든 일이라는 걸 절감할 수 있었습니다.

여전히 취업이 힘든 시기에 우리뿐 아니라 세계가 주목하는 LG.Pillips LCD에 입사하게 된다면 더없는 영광일 것입니다. 입사가 허용된다면 이 영광에 걸 맞는 자세와 열정으로 매사 최선을 다하는 일등 사원이 되고자 합니다. 그러다보면 LG.Pillips LCD가 세계 제일이 되는데 자연스럽게 기여하게 되지 않을까 싶습니다.

(2) 남다른 서비스 정신을 발휘하겠습니다

먼저 우리나라의 호텔업계에서 가장 우수한 시설을 갖추고 있고 고객들로부터도 좋은 평판을 받고 있는 귀사와 인연이 닿은 것을 영광으로 생각합니다. 저는 재수를 한 것도 아닌데 25살의 나이에 지금 A대학의 졸업을 앞두고 있어 감회가 남다릅니다.

저는 충남 서천에서 1남 2녀의 맏이로 태어났습니다. 아버님은 사업을 하셨는데 집안에 관리인과 기사를 둘 정도로 생활이 풍족하였습니다. 그리하여 저는 어린 시절에 아무런 부족함 없이 자랄 수 있었습니다. 그런데 제가 초등학교 6학년 때 갑작스런 아버님의 사업 실패와 그 충격으로 인한 당신의 타계로 말미암아 집안 상황이 완전히 바뀌었습니다. 처음에는 초라한 제자신이 부끄러웠고 돌아가신 아버님이 원망스러웠지만, 어려운 여건 속에서도 저와 동생을 공부시키기 위해 고생하시는 어머님을 보면서 반성하고 다시 마음을 다잡았습니다.

저는 고등학교를 졸업한 후 제 스스로 대학 진학을 해야겠다는 다짐으로 영어학원의 사무보조원 자리를 얻어 잡무를 돕는 일을 하였습니다. 학원의 일이 많았지만 저는 기쁜 마음으로 열심히 맡은 일을 하면서 틈틈이 진학 공부를 했습니다. 그 결과 저는 2년 만에 목표로 삼았던 대학 진학을 할 수 있었습니다.

저는 아버님의 사업 영향을 받아서인지 경영학을 공부하고 싶었습니다. 그리하여 A대학 호텔경영학과를 택했습니다. 아직 우리나라의 서비스업이 선진국 수준에 비해서는 뒤처진 것이 사실이지만 세계화 시대에 전망이 밝은 분야가 될 것이라고 생각한 것입니다.

뒤늦게 진학한 대학인만큼 저에게는 하루하루의 캠퍼스 생활이 즐거웠고 소중했습니다. 교수님들의 열성적인 강의와 학우들의 높은 학구열에 저도 동참하기 위해 최선을 다했습니다. 그 결과 좋은 학과 성적을 받았고, 호텔 지배인 2급 자격증도 취득했습니다. 저는 학과 공부뿐만 아니라 영어회화 동아리 활동에도 적극적이었습니다. 그리하여 저는 현재 외국인과 자연스러운 대화는 물론이고 텔레비전이나 외국 영화에 나오는 영어도 대부분 이해할 수 있습니다. 토익 시험 점수 900점도 그런 노력의 결과가 아닌가 싶습니다.

저는 학교 다니는 동안 학비를 스스로 마련해야 했기 때문이기도 했지만 다양한 대인관계의 체험도 필요하다고 생각해 웨딩도우미, 학습지 교사, 음식점 서빙 등의 아르바이트를 했습니다.

웨딩 도우미는 아름다운 결혼식을 만들어주는 일이어서 아주 즐거웠고, 학습지 교사는 교재 연구와 수업 준비에서부터 학생 지도, 학부모 상담 등에 이르기까지 많은 능력이 필요하다는 것을 알게 해주었습니다. 그리고 음식점 서빙은 손님들의 취향과 분위기를 파악하는 능력을 키워주었습니다.

저는 아르바이트뿐만 아니라 제가 살고 있는 구청의 자원 봉사자 모집에 지원하여 독거노인들을 돌보는 봉사활동도 성심껏 했습니다. 독거노인들을 방문해 쌀이나 라면 등의 양식을 전하는 일이며 집안 청소, 빨래, 목욕시켜 드리기 등의 일이 쉽지는 않았지만, 그 분들이 진심으로 고마워하는 눈빛을 볼 때마다 그 무엇으로 말할 수 없는 뿌듯함을 느꼈습니다.

저는 호텔 경영에도 이와 같은 서비스 정신이 필요하다고 생각합니다. 독거노인을 돌보는 마음, 멋진 결혼식을 만들어주는 마음, 아이들과 학부모의 기대를 채워주는 마음, 손님들의 요청을 들어주는 마음 등의 서비스 정신이 절실히 필요하다고 생각하는 것입니다. 저는 현재 우리나라의 호텔 경영에서 가장 개선해야 될 부분이 서비스 정신이라고 생각합니다. 그러므로 저는 남다른 서비스 정신을 발휘하여 우리나라 호텔업계에서 가장 우수한 시설을 보유하고 있고, 고객들로부터 좋은 평가를 받고 있으며, 무한한 발전 가능성을 보이고 있는 귀사에 더욱 큰 보탬이 되고 싶습니다.

⑶ 세계 최고의 자동차 디자이너

○○자동차의 식구 김○○

저는 오늘 아침에도 귀사에서 만든 버스를 타고 등교했습니다. 고향에서 농사를 짓고 계시는 아버님과 어머님을 뵈러 갈 때에도 귀사의 고속버스를 타고 갑니다. 장래에 저의 가정이 생겨 고향을 찾아갈 때에도 귀사가 만든 자동차를 타고 갈 것입니다. 저의 숙부님께서는 현재 귀사의 생산 공장에서 열심히 일하고 계십니다. 저의 막내 이모님은 귀사의 연구소 직원과 결혼해 행복한 가정을 꾸려가고 있습니다. 이처럼 저는 이미 귀사의 식구와 다름없습니다. 저는 귀사에서 제작한 차들을 거리에서 볼 때마다 저도 진정한 한식구가 되었으면 하는 바람을 가집니다. 그와 같은 희망은 귀사의 디자이너가 되기를 간절히 바라고 있는 지금도 여전합니다.

세계로 나아가는 김○○

세계화는 더 이상 거스를 수 없는 내세입니다. 세계의 주류를 인식하지 못하거나 선도하지 못하면 거대한 시장에서 밀려날 수밖에 없습니다. 저는 세계화의 흐름을 읽기 위해 영어 구사능력을 갖추어야 한다고 생각하여 6개월 간 뉴질랜드에서 연수하였고, 학교의 영어회화 동아리 활동에도 열심히 참가했습니다. 그 결과 900점 이상의 토익 점수를 획득했습니다. 저는 영어뿐만 아니라 중국어와 일어도 틈틈이 공부하고 있습니다.

세계화를 선도하기 위해서는 외국어뿐만 아니라 개방적인 사고와 창의적인 정신이 필요하다고 생각합니다. 격변하는 세계상황에 무관심하거나 배척하는 자세보다 진지하게 생각하고 수용하는 자세와, 어떤 일이든 세계와 밀접하게 영향을 주고받는 관계라는 사실을 적극적으로 인식할 필요가 있다고 생각하는 것입니다.

공부하는 김○○

저는 강원도 태백에서 탄광 일을 하는 부모님의 2남 중 장남으로 태어났습니다. 지금은 부모님께서 농사를 짓고 계시지만 젊은 날에는 탄광 일을 하셨습니다. 매우 힘들고 위험한 일이었지만 아버님은 힘든 내색 한번 하지 않으셨고, 어머님 역시 알뜰살뜰 가정을 꾸리셨습니다.

저는 어렸을 때부터 그림 그리기를 좋아했습니다. 특히 석탄이 묻어 시커먼 아버님의 작업복과 얼굴을 그릴 때면 슬픔과 동시에 묘한 감동을 받았습니다. 그리하여 초등학교 때부터 고등학교를 거쳐 대학에 다닐 때 각종 미술대회에 참가하여 많은 상을 받았습니다.

저는 화가가 되고 싶어 예술고등학교로 진학하려 했지만, 미술을 전공할 만한 집안 형편이 못 되었기 때문에 인문계 고등학교로 진학했습니다. 그리하여 저는 A대학교 산업디자인학과로 진학한 후 응용미술을 전공하였습니다. 순수미술만이 미술 공부의 전부인 것으로 생각해왔으나 미래에는 응용미술이 사회에 보다 필요할 것이라고 판단한 것입니다.

학과의 수업은 참으로 재미있었는데, 저는 특히 자동차 디자인에 관심이 컸습니다. 다양한 디자인으로 제작된 세계 각국의 차량들이 도로를 질주하는 광경을 보면서 저도 언젠가는 세계 최고의 자동차 디자이너가 되겠다고 다짐한 것입니다. 그리하여 학과 공부 외에 동아리 활동도 열심히 하였습니다. 그림패 모임에 참가하여 디자인과 관련된 서적을 읽고 토론했으며 다양한 실험성을 가한 디자인을 시도해 주위 사람들로부터 신선하다는 평을 받았습니다.

도전하는 김○○

저는 졸업을 앞두고 취업 쪽으로 마음을 정하던 중에, 귀사의 디자이너 모집 광고를 보았습니다. 저는 대학 1학년 때 귀사가 '생활 속의 자동차 디자인'이라는 주제로 개최한 세미나 및 전시회에 다녀온 적이 있습니다. 저는 그때 귀사에 깊은 인상을 받았는데, 지금도 그것이 강하게 남아 있습니다. 저는 세계적인 자동차 산업을 선도하고 있는 귀사의 식구가 되어 일익을 담당하고 싶습니다. 저는 세계 최고의 자동차 디자이너가 되는 꿈을 귀사에서 꼭 이루겠습니다.

(4) 정보통신 영역을 개척해 나가겠습니다

저는 가난이 죄가 아니라 게으름이 죄라며 새벽부터 저녁 늦게까지 일하시는 부모님의 영향을 받아 어떤 일이든 열심히 하는 습관이 몸에 베이 있습니다. 그래서 저는 대학 진학 후 아르바이트를 통해 학비와 생활비를 스스로 해결할 정도로 독립심이 강합니다. 백화점 물품 판매, 전자제품 조립공장 공원, 공사장 막일 등을 통해 학비를 마련한 것입니다.

저는 서울올림픽이 개최된 1988년 경기도 부천에서 2남 1녀 중 장남으로 태어났습니다. 부모님께서는 컴퓨터 판매 및 수리를 하는 가게를 운영하셨는데 부지런하셔서, 크게 풍요롭지는 않았지만 그렇다고 곤궁하지도 않았습니다. 부모님께서는 할머니와 외할머니를 한 집에 모실 정도로 효심이 깊었고, 자식들의 의견을 충분히 수용해주실 정도로 다감하셨습니다. 그리고 매우 성실하고 친절하게 가게를 운영하셨습니다. 저는 부모님의 그와 같은 삶을 소중히 여기고 제가 맡은 일에 대해서는 막중한 책임감으로 최선을 다하고 있습니다.

제가 M대학 정보통신과에 입학한 것도 부모님의 성실함에 영향을 받은 면이 있습니다. 저는 미래 사회는 학벌보다도 현실 경험과 전문 기술을 더 필요로 할 것이라고 생각했습니다. 그리하여 순수학문보다 실용학문을 선택하기로 결심한 것입니다. 저의 이와 같은 실용주의적 사고방식은, 세상의 변화를 일찌감치 수용해 당시로는 남다른 업종이었던 컴퓨터 관련 일을 하신 부모님으로부터 영향 받은 것입니다.

저는 한 학기를 마치고 지원하여 군 복무를 했습니다. 군 복무를 일찍 마치고 학업에 집중하기 위해서였습니다. 통신병으로 복무하는 동안, 저는 부대의 개선 사항을 꾸준하게 건의하여 '사고 없는 대대의 실현'이라는 목표 달성에 나름의 기여를 했습니다. 그 결과 대대장님으로부터 3박 4일 포상휴가를 받기도 했습니다. 또한 군 복무를 하는 동안 정신적으로 큰 변화를 갖게 되었습니다. 조직사회 속에서 규칙과 질서가 얼마나 중요한가를 체험했고, 국가와 민족을 위해 제가 어떻게 생각하고 행동해야 하는가를 깨달은 것입니다. 앞으로 저는 개인의 가치와 사회의 가치가 조화를 이루도록 삶을 살아가겠습니다.

군 복무를 마치고 복학한 후 저는 꽉 짜인 커리큘럼들을 긍정적인 마음으로 받아들이고 이전보다 열심히 공부했습니다. 그 결과 학업성적을 향상시킬 수 있었고, 프로그램 작성과 정보통신 분야 자격증도 2개나 취득했습니다. 영어 공부도 게을리 하지 않아 외국인과 충분히 대화를 나눌 수 있는 정도가 되었습니다. 토익 성적도 900점을 획득하였습니다. 또한 컴퓨터 동아리에 가입해 열심히 연구한 결과 프로그램 작성 및 정보처리 기술을 실제로 활용할 수 있는 수준이 되었습니다.

저는 이제 졸업을 앞두고 사회생활을 계획하고 있습니다. 제가 귀사의 문을 두드리게 된 것은 젊은 인력을 적극적으로 육성한다는 방침에 호감을 느꼈기 때문입니다. 그리고 대학 1학년 때 친구들과 동남아 여행을 한 적이 있는데, 여행지 곳곳에 귀사의 광고를 보고 큰 자부심을 가졌습니다. 저는 세계 시장으로 뻗어나가고 있는 귀사의 비전에 동참할 수 있기를 진심으로 기대합니다.

업무와 관련하여 특별한 부서를 원하는 것은 없으나 가능하면 정보통신과 관련된 업무를 맡고 싶습니다. 또 본사가 있는 서울보다도 지방의 지사에서 근무하고 싶습니다. 본사에 비해 상대적으로 낙후되어 있는 지방의 지사에서 제 능력을 발휘하여 우리나라의 정보통신 영역을 개척해나가고 싶습니다.

4. 기안서 쓰기

기안서는 기업의 여러 부서에서 일하는 모든 직장인이 소관 업무를 추진하거나 다른 부서에 업무협조 요청을 하기 위해, 반드시 작성해야 하는 문서이다. 기안을 하고 결재를 받아야 업무를 정식으로 추진할 수 있다. 이처럼 기안서는 직장인의 공식 글쓰기의 기초이며 누구나 쓸 줄 알아야 한다. 이력서처럼 그 기재 내용이 간단하다고 할 수 있지만, 역시 비중이 작지 않다. 업무 추진에 관계된 사내 공문서이기에 그 내용을 형식에 맞춰 정연하게 기재할 수 있어야 하며, 부서장, 타 부서장, 관할 이사와 사장으로 이어지는 결재 과정에서 쓰기 능력은 물론 업무능력까지 평가받기 마련이다. 기안서는 보존성이 커 사내에 거의 영구히 보관된다.

기안서의 형식

크게 상단, 중하단, 두 부분으로 이루어져 있다. 항목들과 그 명칭, 위치는 기업의 서식마다 조금씩 다를 수 있으나, 대개 상단 왼쪽에 기안일자·문서번호·기안부서·기안자 항목이 있고, 오른쪽에 협조부서·결재자 항목이 있다. 중하단은 제목 항목이 있고 그 이하는 본문을 기재하는 란이다.

기재 방법

1) 기안일자 : 기안 연도와 월, 일을 정확하게 적는다. : 2011년 3월 9일
2) 문서번호 : 기안서 생산 부서명, 생산 연도, 분류번호, 해당 부서 문서 작성순서 번호를 이어 적는다. : '총무 제1161-055호'. 여기서 '총무'는 기안서 작성 부서, '11'은 2011년, '61'은 기업의 문서 분류체계의 번호, '055'는 총무부의 문서 작성순서의 번호이다.
3) 기안 부서 : 자신이 소속한 기안 작성 부서의 정식 명칭을 적는다(기안자는 그 기안에 있어 부서를 대표한다).
4) 기안자 : 자신의 이름을 적는다.
5) 제목 : 주로 기안의 용건이나 목적을 적는다. 제목은 간결하고 함축적으로 달아 어떤 내용과 취지인지 결재자들이 단번에 파악할 수 있게 해야 한다. : '통근 차량 구입의 건', '인사 발령 통지의 건', '사보 『태양』 제30집 발간의 건'.
6) 본문 : 제목에 관련된 의도를 적는다. 그 내용이 두세 가지라면 1, 2, 3으로 나누고 각각 행을 바꿔 기술하며, '재가하여 주시기 바랍니다.'라고 문장을 마무리 한다. 결재자가 결재에서 참조하

여야 할 부수 사항이 있으면, '재가하여 주시기 바랍니다.' 앞에, '다음 사항을 검토하시고'를 기입한다. 그리고 두 줄 띄고 가운데 부분에 '- 다음 -'(혹은 '아래)'이라 표기하고 또 한 줄 띄고, 부수 사항들을 일련번호를 달아 한 줄마다 하나 씩 적는다.

7) 첨부 문서 : 첨부 문서가 있으면 본문에서 두 줄 띄고, '첨부' 혹은 '별첨' 혹은 '붙임'이라 표기하고, 그 옆에 첨부 문서의 이름을 적는다.

8) 이상 기술이 끝나면, 하단 우측에 내용 종결을 알리기 위해 반드시 '끝.'이라고 쓴다(마침표 유의).

주의 사항

1) 회사의 기안서 서식을 사용한다.
2) 사전 검토 : 어떤 내용을 담을 것인지 미리 검토하고 제목을 설정한다.
3) 본문의 문장이 비문이 되지 않도록 주의해 써야 한다.
4) 가능한 한 A4 한 장으로 처리한다.
5) 필요한 내용을 모두 기재하되 가능한 한 간략하고 명료하게 압축한다.
6) 제목을 눈에 띄도록 그 활자를 본문활자보다 크게 한다.
7) 본문에서 날짜를 쓸 때는 연, 월, 일을 생략한다. : 2011년 3월 18일 → 2011. 3. 18.

8) 시간 표시 : 오전 9시 → 09:00. 오후 5시 → 17:00

9) '-다음-'의 사항 기재에서 분류 항목의 구분을 분명하게 한다.
: 상위 항목 : 1, 2, 3. 상위 항목에 소속된 하위 항목 : 1), 2), 3). 하위 항목에 소속된 하하위 항목 : 가, 나, 다.

기 안 서

협조부서

팀 장	부 장	전 무	사 장

기안일자 :

문서번호 :

기안부서 :

기 안 자 :

제　　목 :

5. 비즈니스 메모 쓰기

효율적인 업무 수행을 위한 메모 방식

① 업무가 계획단계에서 실행단계로 넘어가면 애초 예상보다 일이 많아지면서 어떤 일부터 해야 할지 혼란스러운 때가 온다. 따라서 업무를 시작하기 전에 반드시 '객관적'인 우선 순위를 정해야 한다.

이를테면, 수행할 업무의 성격과 종류를 미리 파악해 붙임쪽지(포스트잇)를 준비하고, 이를 우선 처리할 업무 순서대로 붙여 놓고, 일이 마무리 되면 떼는 식이다.

② 육하원칙에 따라 정확하게 메모한다. 육하원칙은 기본 사항이지만 메모할 때는 사실상 제대로 지키지 않는 경우가 더 많다. 따라서 이러한 원칙을 정확하게 지키기 위해 애쓰는 과정에서 핵심 사항을 놓치기보다는 상황에 따라 필요한 사항을 적절하게 메모하는 편이 더 유익하다. 다만, 메모 전에 육하원칙을 떠올려 보고

업무 처리 과정에서 빠져서는 안 될 내용을 미리 점검해보라는 의미이다.

③ 발언 내용이나 반론을 발언자에 따라 별도로 메모한다. 이는 나중에 반드시 필요할 때가 있다. 발언자와 업무 수행의 책임 소재를 가리기 위해 반드시 필요하다.

④ 메모 내용을 변경하는 경우, 새로 작성하지 않고 변경한 흔적을 메모에 남겨둔다.

⑤ 통화 내용이 길어질 경우, 그 전화 내용을 메모할 때는 가급적 큰 종이에 시원시원하게 요점을 적어둔다. 특히 통화 내용 중에 언급하는 숫자는 반드시 메모한다.

※ 전화 메모 예시

- 1월23일 오후 3시
- 로열백화점 김주원 씨
- 홍보 건으로 전화 요망
- 확인 후 즉시 전화 요청 '급'

독서 중에 업무와 관련되는 아이디어가 떠오르면 책의 귀퉁이에 적거나 붙임쪽지를 그 페이지에 붙여 놓는다. 나중에 큰 도움이 된다. 『뇌를 움직이는 메모』(사카토 켄지, 비즈니스세상, 2009)에는 "'성공하는 사람'과 '성공하지 못하는 사람'의 차이는, 메모에 있다"는 글이 적혀 있다. 그에 따르면, "'성공하는 사람'은 메모를 무의미하게 적지 않는다. 우뇌와 좌뇌를 끊임없이 활용해 일의 목적이나 인생의 목표를 적고 고민하며, 성공적인 삶을 살기 위한 최강의 툴(tool)로 활용하고 있다"는 것이다.

그는 또 기존의 메모 활용법과 함께 '우뇌'(직감과 기발함을 담당한다)와 '좌뇌'(논리적 사고와 분석 능력이 뛰어나다)', 그리고 이 두 뇌의 활동을 모두 활용한 새로운 메모 비법을 강조한다.

메모의 의미와 효과를 제대로 습득하기 위해서는 '뇌를 활용한 새로운 메모 습관'을 기는 것이 좋다. 왜냐하면 메모는 뇌를 제대로 활용할 때 그 가치를 발휘하기 때문이다. 이제 우뇌와 좌뇌의 활용법에 대해 알아보자.

우뇌와 좌뇌 활용법

※ 우뇌적 항목

- '하고 싶은 일이 무엇인지'를 항상 리스트로 정리한다.
- '이렇게 되고 싶다'고 생각하는 내용을 항목별로 적는다.
- 마음을 정리하기 위해, 자신의 감정이나 생각을 문장화한다.
- 자신이 꿈꾸는 미래의 이미지를 명확하게 그려본다.
- 그것을 스스로 확인할 수 있는 구조를 만든다. 좋아하는 인물의 저서를 읽는 등의 방법을 활용한다.

※ 좌뇌적 항목

- 해야 할 일을 매일 검토하여 우선순위를 확인한다.
- 일정표를 확인한다.
- 순서와 절차를 지시하고 곧바로 실행한다.
- 오늘 하루 일과를 머릿속으로 그려보며 민첩하게 행동한다.

〈연습과제〉

1. 메모지와 필기구가 없을 때 가장 효과적인 메모 방법은 무엇인지 창의적으로 사고해보자.

2. 우뇌의 적극적인 활용을 위해서 자신이 꿈꾸는 미래의 자신의 모습을 구체적으로 그려보자.

3. 자신의 미래(10년 뒤, 20년 뒤, 30년 뒤의 모습)을 메모하고 이를 그래프화해서 나타내보자.

6. 비즈니스 레터 쓰기

기업에서 비즈니스 레터의 상당수는 이메일로 전달하고 있다. 글쓰기 능력은 기업에서 채용은 물론 승진을 심사할 때 가장 우선시하는 항목 중 하나로 중시되고 있다. 논리정연하게 상대방을 설득하는 글쓰기가 보고서, 기획서는 물론, 비즈니스 레터에도 적용된다. 문자 메시지 그 하나하나가 모두 비즈니스와 관련한 효율적인 커뮤니케이션 수단이 되기 때문이다.

상대방 입장을 고려해 쓴다

비즈니스 이메일 역시 상대방의 입장을 충분히 고려해야 한다. 보내기 전에 '보내는 사람'란에 자신의 이름이나 신분이 어떤 식으로 뜨는지도 미리 살펴본다. 본인 또는 회사의 이름으로 되어 있어야 누가 보낸 것인지 명확히 알 수 있기 때문이다. 제목과 내용에는 전달하고자 하는 메시지를 분명하고 일목요연하게 담아야 한다.

먼저, 이메일 제목에 본문의 내용을 축약해 전달한다. '시급! 독일 출장 예산 증액 요청(답장 요망)'과 같은 식으로 상대방에게 전달하고자 하는 안건의 종류, 시급한 정도, 그리고 내가 어떤 응답을 원하는지를 명확하게 알릴 필요가 있다.

간결하게, 그러나 너무 짧지 않게

군더더기 없이 간결하여야 한다. 하지만 내용이 너무 간결하면 오히려 부작용을 일으키는 경우도 있다. 지나치게 사무적이거나 '단체 메일'이라는 인상을 준다면 바람직하지 못한 것이다. 업무 용건과 함께 약간의 정서가 담겨 있다면 상대방에게 호감을 줄 수 있다.

다음은 미국에서 비즈니스 레터를 쓸 때 강조되는 원칙들인데, 우리말에도 적용되는 유용한 조언들이다.

① 주어와 서술어의 거리를 가능한 한 좁혀 의미가 분명한 문장을 만든다.
② 한 문장에는 한 가지 메시지만 집어넣도록 한다.
③ 짧은 문장과 문단을 쓴다.
④ 능동태를 쓴다. 주어를 강조할 경우나 꼭 필요한 경우에만 피동태를 쓴다.
⑤ 부정적인 의미가 들어간 단어는 될 수 있는 대로 피한다.
⑥ 읽는 이의 취향에 맞는 틀을 유지하고 지나치게 엄격한 형식은 피한다.

⑦ 단순하고 친숙한 일상어를 사용한다.

⑧ 전문용어나 약자는 가급적 피한다.

⑨ 난해한 단어에는 설명을 붙인다.

• 해외시장 진출을 위한 시장 조사 의뢰 예시

Dear Mr. kim

Our company has won an international fame in building supplies and technology for last 50 years.

당사는 지난 50년간 건축자재 기술 부문에서 세계적 명성을 얻고 있는 기업입니다.

Especially, we're confident the quality of our industrial paint and production system are not comparable to others.

특히 당사의 공업용 페인트의 품질 및 생산체계는 누구와도 비교할 수 없다고 자부하고 있습니다.

We've exported our products in all of Asian countries since 2005. and had a good reputation from our clients.

이미 2005년부터 아시아 모든 국가에 수출을 하고, 고객들로부터 좋은 명성을 누려왔습니다.

Our company is planning to release new eco-friendly industrial paint and to do expansion into European markets at the end of this year.

당사는 올해 말 친환경 공업용 페인트의 신제품 출시와 함께, 유럽 시장을 확장하려고 계획하고 있습니다.

So, we're looking for an importer that has a variety of exporting experience and distribution system in Europe.

이에 당사는 유럽지역에서 다양한 수출경험 및 물류유통 시스템을 보유한 수입업자를 찾고 있습니다.

If you want to know our financial situation or credit status, please check with AAA bank in Seoul to receive the information.

만약 당사의 재정상태나 신용상태에 대해 알고 싶으시다면, 서울 AAA은행으로 문의하시면 정보를 제공받으실 수 있을 것입니다.

We'll be happy to answer your inquiries about our products or additional requests.

제품에 관한 문의사항이나 추가로 필요한 사항이 있으시면 기꺼이 답변해 드리겠습니다.

Thank you for your attention in our company, and we hope to receive a positive reply from you.

당사에 대한 관심에 다시 한 번 감사드리며, 귀사의 긍정적인 답변을 기대합니다.

Regards,

비즈니스 레터를 쓸 때의 포인트

① 목적 중심의 레터를 쓴다. 즉, 간결하고, 정중하게, 단도직입적으로 용건을 말한다. 레터를 보내는 이유와 용건을 곧바로 말하면 된다.

② 예의와 격식을 갖춘다. 사적인 레터와 달리 비즈니스 레터는 기본 형식을 따르면서 상대를 존중하는 표현이 있어야 한다.

③ 부드러운 분위기 조성과 감사의 말을 잊지 말자.

• 비즈니스 레터를 쓸 때의 포인트에 의거한 예시

> Dear Mr. Harry
>
> Good afternoon. I'm Kim Joo-won, a marketing manager at Loyal, and I'm emailing you to ask for some samples of your products. I was also wondering whether you could send me the manual of the products. At your convenience, please call me or email me for more information.
>
> 안녕하십니까. 저는 로열의 마케팅팀장으로 있는 김주원이라고 합니다. 귀사 제품의 샘플을 요청하려고 메일을 드립니다. 또한 제품의 설명서도 보내주실 수 있는지 궁금합니다. 자세한 내용을 원하시면 편하실 때 전화나 이메일을 주시기 바랍니다.

〈연습과제〉

1. 일반적인 편지와 비즈니스 레터에 대해 '비교와 대조' 방법을 이용하여 한 편의 짧은 글을 써보자.

2. 제품 배송 지연에 따른 비즈니스 레터를 작성해보자.

7. PT 보드 문안 쓰기

프레젠테이션 문안 작성 요령

프레젠테이션을 할 때는 각종 시각정보 자료 외에도 말할 내용만을 따로 정리하여 원고를 준비해 두어야 한다. 이때 원고는 문어가 아닌 구어로 표현한다. 사용할 원고가 '듣는 이'를 위한 것이기 때문이다. 따라서 프레젠테이션 원고 작성에서 아래 사항에 유의할 필요가 있다.

① 원고 내용이 주제와 목표에서 벗어나지 않도록 한다.

② 문장은 되도록 짧게 표현한다.

③ 청중의 관심을 유지하도록 노력한다.

프레젠테이션을 할 때에는 5분마다 청중의 관심을 끄는 문구를 사용할 것을 권한다. 그러나 청중의 관심도와 주의 집중도는 사안의 내용과 긴밀한 관계가 있으므로 주제 자체가 지루한 경우에는 적절한 간격을 두고 자극을 줄 수 있는 문구를 사용하여도 무방하다. 이야기 자체가 흥미로울 때는 이보다 좀 더 간격을 두어 주의를 환기한다.

④ 비유나 예시는 요지에 부합해야 한다. 요지에 적합한 예나 비유가 없을 때에는 들지 않는 것이 더 좋다.

⑤ 숫자를 이야기할 때는 대략적으로 서술하여 청중이 이해하기 쉽도록 일상적인 것과 비교해 주는 것이 좋다. 과학이나 수학 등과 같이 정확한 수치를 필요로 하는 경우는 예외이다.

⑥ 크기를 이야기할 때도 청중에게 친숙한 사물로 비유를 들어주는 것이 좋다. 예를 들어 "축구장만한 크기"라고 말해 주면 쉽게 이해시킬 수 있을 것이다.

⑦ 특별한 경우가 아니면, 청중에게 익숙하지 않은 전문용어나 약어(줄임말)를 사용하지 않는다.

⑧ 자주 요지를 상기시켜 주는 것이 좋다. 요지는 서술형으로 할 수도 있지만 질문형으로 표현할 수도 있다.

프레젠테이션 원고는 여러 가지 형태로 준비할 수 있다. 3X5인치 독서카드에 요지만 적어서 준비하는 경우가 있고, A4용지에 워드프로세서로 작성하거나, 파워포인트로 작성하는 경우도 있다.

독서카드를 사용할 때는 내용 전체를 쓰기보다는 핵심 키워드를 중심으로 예, 보기, 인용문, 통계 수치 등을 기록해서 사용한다. 이는 전문가에게 알맞은 방법이다.

전문가가 아니라면 독서카드보다 A4용지의 사용을 권한다. 이때는 워드프로세서를 사용하는 것이 수정에 용이하다.

워드프로세서로 프레젠테이션 원고를 작성한다면 다음과 같은 점에 유의하는 것이 좋다.

① 서체의 크기를 12포인트 이상으로 한다.
   예를 들면 14나 18포인트로 한다.
② 줄의 간격을 넓게 한다. 200 정도 또는 2라인 정도로 한다.
③ 종이 양 옆의 여백을 많이 남겨 두어 필요할 경우 메모할 수 있도록 한다.
④ 인쇄는 종이 한 면에만 하는 것이 좋다.
⑤ 숫자는 발음 나는 대로 적는 것이 좋다.
   예를 들면 '11만2천7백33'으로 써 주는 것이 좋다.
⑥ 문장 도중 페이지를 바꾸지 않는 것이 좋다.
⑦ 각 면은 쪽 번호를 달아 준다.
⑧ 원고는 넘기기 쉬워야 하므로 스테이플러로 한꺼번에 찍어 두지 않는다.

A4용지에 워드프로세서로 원고를 작성하는 경우, A4용지에 빽빽하게 적어 두면 프레젠테이션을 하면서 참고하기 힘들다. 또 예기치 못한 이유로 프레젠테이션 시간을 조절해야 할 경우에도 어떤 것을 더하고 빼야 하는지 판단하기 어려워진다. 그러므로 프레젠테이션 화면에 맞추어 A4용지에 적절하게 여백을 두거나 줄바꾸기를 하면서 원고를 작

성하는 것이 필요하다.

파워포인트는 프레젠테이션 제작에 가장 많이 사용되는 프로그램이다. 전달 내용을 간결하고 단순하게 표현하는 데 장점을 지니고 있다. 파워포인트는 마이크로소프트사에서 개발한 사무용 프로그램인 마이크로소프트 오피스(Microsoft Office)에 포함되어 있어서 직장인들이 쉽게 접할 수 있고 표, 차트, 도형 등을 자유자재로 활용할 수 있다. 이러한 장점 때문에, 최근 비즈니스 현장에서 일반 직장인들이 프레젠테이션을 사용할 때 90% 이상이 파워포인트를 사용한다.

〈연습과제〉

1. A4 용지에 워드프로세서 혹은 '한글' 프로그램을 이용하여 최근 자신이 읽은 책의 줄거리를 작성하고 가장 보기 좋은 형태로 편집해보자.

2. PPT로 작성된 원고와 워드프로세서로 작성된 원고의 차이점에 대해 발표해보자.

8. 기획서(제안서) 쓰기

기획의 중요성

기획서는 각각 특성과 사정에 따라 기획서, 제안서, 계획서, 보고서 등으로 이름을 달리하며, 그 글쓰기의 방식은 일반적인 글쓰기와 다르다. 그 목적이 핵심을 명쾌하게 전달하는 데 있기 때문이다.

기획서의 작성은 두 가지 특성을 토대로 출발한다. 하나는 문제 해결을 위한 답을 찾는 과정, 다른 하나는 아이디어의 산출이다. 이 가운데 업무현장에서는 문제 해결 과정에서 비롯된 기획 업무가 더 많이 요구되고 있음을 염두에 두어야 한다. 그러므로 기획서를 올바르게 작성하기 위해서는 과제를 명확하게 인식하고 그 답을 찾는 능력이나 독특한 아이디어를 충실하게 갖추어야 한다.

기획의 과정 5단계

• 1단계 - 아이디어 떠올리기

기획서 쓰기의 첫 번째 단계는 아이디어를 떠올리는 일이다. 기획안 작성 과정에서 일종의 준비운동 단계라 할 수 있다.

• 2단계 - 생각 쏟아내기

이때에는 내가 겪었던 이야기, 보았던 장면, 느꼈던 감정 등 모든 것을 떠올려본다. 이 생각들은 지식, 경험 등 내가 알고 있는 모든 것이며 이런 작업은 생각 쏟아내기의 시작이라고 할 수 있다. 머릿속에는 수많은 데이터들이 맴돌고 있다. 그것을 머릿속으로부터 눈앞으로 끄집어 내야한다. 생각을 쏟아낼 때에는 떠오르는 대로 자유롭게 쓰고, 결코 정리하려 들지 말아야 한다.

• 3단계 - 정리하기

생각 쏟아내기가 끝나면, 이제 마구 쏟아낸 이야기들을 정리해야 한다. 이때에는 기획의 5가지 요소인 Why, Analysis, Message, How, Effect의 각 항목을 충실하게 채워 기획서를 작성하기 위한 얼개를 잡아야 한다. 이 정리하기 단계에서 '개요'라고 할 수 있는 글의 순서가 거의 정해지면서 기획서 전체의 밑그림이 그려지게 된다. 이것은 쏟아낸 생각들을 정리하여 글의 순서를 잡아내는 작업으로 기획서 전체의 구성이 나타나게 된다.

- **4단계** - 조사와 분석하기

기획안에 필요한 자료를 조사하고 수집하는 단계의 일이다. 주관적인 제안이나 주장들을 입증할 만한 근거가 풍부하게 포함되어 있어야 한다. 독자를 설득하는 것은 주장이나 제안 자체가 아니라 바로 그 타당한 근거이다.

또한 트랜드를 읽을 수 있어야 한다. 트랜드의 분석은 실용적인 글쓰기에 결정적인 역할을 담당하는데, 기획자가 떠올리고 구체화한 아이디어가 트랜드를 반영하고 있는 것인지를 신중하게 따져 보아야 한다. 여기서 트랜드란 일시적인 유행이 아니다. 생활양식의 변화, 기술이나 취향의 변화 등에 따라 현실과 시장 전반에 걸친 점진적이면서 광범위한 조류를 말한다.

- **5단계** - 기획안 작성하기

기획자가 스스로 가장 자신 있게 생각하는 부분, 또는 가장 쉽다고 여기는 부분부터 시작하는 것이 작성 과정에서 자신감을 키울 수 있는 방법이다. 기획의 각 단계에서 충실히 준비를 한 기획자라면 자신을 믿고 불안한 마음을 버리는 것이 좋다.

1. 쉽고 짧게 써라.

주어는 짧게, 긴 문장은 간결체로 전환하고, 필요 없는 수식어나 부연은 삭제한다. 문장만으로 잘 설명하기 어려우면 도표, 차트, 그림을 함께 사용한다.

2. 기본을 벗어나지 말라.

쓸데없이 어려운 한자나 단어도 가급적 피하며, 자신 없는 내용은 아예 쓰지 않는 것이 좋다. 틀린 한자나 단어, 사소하지만 잘못된 내용은 글 전체의 신뢰를 떨어뜨린다.

3. 압축하라.

글을 쓰면서 '내가 말하고자 하는 것은 무엇인가?'를 끊임없이 생각해야 한다. 쓸 것이 너무 많다는 생각이 들 경우, 자신이 나타내려는 것이 무엇이고, 가장 중요하게 전달하고자 하는 것이 무엇인가, 또 보고서를 읽을 사람이 핵심으로 생각할 것이 무엇인지를 생각해야 한다. 따라서 키워드 단어를 메모하고 이를 중심으로 쓰며, 생각을 압축해서 간결하고 알기 쉽게 쓰는 것이 중요하다.

4. 내용을 풍부하게 하라.

내용을 건조하지 않고 풍부하게 만들려면 사례나 에피소드 등이 필요하다. 재미있고 흥미로운 에피소드라면 다소 길더라도 기술하는 것이 효과적일 수 있다.

5. 문제점을 간단하게 정리하라.

'문제는 3가지' 또는 '3가지로 정리해 볼 수 있다'고 정리하면 기획서를 읽는 사람의 관심을 끌 수 있다. 명확하게 하고 싶은 말이 정리되는 효과를 노려야 한다.

6. 반론에 대비하라.

기획서 말미에 기획자 스스로 자신이 쓴 기획서를 객관적으로 검토하고, '이러이러한 문제가 있지만, 기획자의 입장에서 이런 방식으로 해결이 가능하다고 생각한다' 라며 추가 의견을 보충하면 자신의 기획에 반대하는 의견을 미리 반박하는 효과가 있다.

표 1_기획의 과정 5단계

1단계	2단계	3단계	4단계	5단계
아이디어 떠올리기	생각 쏟아내기	정리하기	조사와 분석하기	기획안 작성하기

기획서의 5가지 구성요소

이제 기획서의 완성도를 높이기 위해서 기획서를 구성하는 5가지 요소에 대해서 자세히 알아보도록 하겠다. 기획서 쓰기는 Why-Analysis-Message-How-Effect의 다섯 가지 구성 요소를 채우는 과정이다. 기획서를 구성하는 5가지의 요소는 다음과 같다.

1) Why : 기획의 이유를 설명하기

기획서나 제안서를 작성할 때 가장 우선적으로 해야 하는 일은 '왜?' 라는 질문을 던지는 일이다. 바로 이것이 기획의 목적과 이유이기 때문이다. 이 질문은 모든 비즈니스 문서에서 요구되는 것이다. 기획서는 기획을 설득력 있게 전달하는 문서이다. 그렇기 때문에 문서만으로 아이디어를 충분히 이해할 수 있어야 하고, 그 자체로 실현 가능해야 한다. 그렇게 하기 위해서는 '왜?'라는 질문에 충실히 답할 수 있어야 한다.

2) Analysis : 현재 상황과 문제점이 무엇인지 말하기

기획은 기획 행위를 통해서 목적을 성취하는 일이며, 무엇인가를 해야 한다고 주장하는 일이다. 그렇다면 왜 그 일을 해야 하는지를 설득력 있는 데이터로 보여줄 필요가 있다. 분석은 기획이 목표하는 곳, 상품이 위치해야 할 주변의 현황을 입체적으로 알아보는 것을 말한다.

이 요소에서 말하는 분석이란 외부 상황에 대한 분석과 함께 자신에 대해서 분석하는 것을 뜻하고 있는데, 종합분석의 4요소는 자사, 시장, 경쟁사, 고객이다.

3) Message : 기획의 내용을 전달하기

이 요소는 기획자가 전하려는 내용을 그대로 보여주는 것을 말한다. 바로 기획자가 전하려는 기획의 내용이 메시지인 것이다. 기획에서의 메시지는 혁신적이고 기발해야 한다. 더불어 기획하고자 하는 내용을 명확하게 밝힐 수 있어야 논리 정연한 글이 나온다.

4) How: 추진할 전략을 드러내기

모든 기획은 실행을 통해서 열매를 맺는다. 모든 기획은 분명한 목표를 지니고 있으며, 반드시 그 목표를 관철시켜야 한다는 점에서 볼

때 전략은 결코 단순하게 생각할 수 없다. 무엇보다 기획자는 각 전략의 의미를 확실히 이해하고, 기획서에 그 전략을 설득력 있게 전달하는 것이 중요하다.

5) Effect : 기획이 가져올 효과를 보여줘라

효과는 구체적이어야 한다. 상대를 고무시키되 실현가능해야 한다. 핵심 장점이나 이익을 빠트리지 말고 먼저 제시하여야 하며, 읽는 이가 구체적으로 그 효과를 인식할 수 있도록 수치를 사용하는 것이 좋다.

[기획안 작성 예시 1]

제품 기획서

다양한 곡물을 원료로 한 '명품 즉석밥'

기획이유

1) 국내 즉석밥 시장 경쟁 가속
2) 품질 고급화로 경쟁 우위 확보 필요
3) 먹을거리 웰빙 바람

현황분석

1) 타사동향: 농심 '고시히카리 쌀' 시판, 오뚜기 기능성 즉석밥 '강화밥' 출시, CJ '쌀눈 가득 햇반'
2) 시장분석: 시장규모 1천 200억원. 연 평균 15%대 성장
3) 고객분석: 주 소비층이 싱글족에서 맞벌이 부부로 확대되고, 고른 연령대의 소비 분포

신제품의 핵심내용

1) 건강에 좋은 발아현미밥, 잡곡밥, 보리밥
2) 영양과 밥맛 살렸다.
3) 일반 백미보다 영양 우수

실행방법 및 전략

1) 초고압 식품공법
2) 무균포장시스템
3) 즉석밥이 단순히 밥의 대용품이 아닌 건강식으로 인식되도록 함.
4) 웰빙 바람에 발맞춰 일반 백미보다 더 고급스런 먹을거리로 포지셔닝
5) 건강식 분야 선도적인 브랜딩

기대효과

1) 시장 선도기업의 브랜드인 '햇반'을 추월 가능
2) 웰빙 바람을 타고 1년 내 시장 점유율 1위 가능
3) 일회용 대용품에서 라면처럼 생활필수품 자리매김
4) 웰빙 식품 브랜드 이미지 정착

[기획안 작성 예시 2]

사업기획서

패밀리 스토리 사업기획서

주제목 : 내 삶의 드라마 내가 쓰고 즐긴다
부　제 : '패밀리 스토리' 사업기획서

'세상에서 가장 소중한 부모님과 나의 삶을 스토리텔링 형식으로 생생히 기록한다'

기획이유

1) 사람은 누구나 늙는다. 부모님 역시 때가 되면 삶을 마감한다. 그러나 부모님이 돌아가시고 나면 그저 몇 장의 사진만 남을 뿐 부모님의 파란만장했던 삶은 연기처럼 사라져버리기 마련이다. 당대의 직계 자식은 부모님을 생생히 기억하지만, 손자들은 성장한 후 할아버지나 할머니를 기억할 길이 없다.
2) 돌이나 결혼식과 같은 기념일이 지나가면 다시 오지 않는다. 하지만 당시 행사를 사진이나 비디오만으로 담기에는 부족하다. 기쁨과 설렘, 사연과 추억을 생생한 글과 함께 구성해 신문이나 책으로 만들면 언제든지 원할 때 추억을 되살릴 수 있다.

현황분석

1) 나이든 분들의 인생을 정리해 담는 '자서전' 발간이 유명인사들 사이에서 성행하고 있다.
2) 환갑이나 칠순 같은 어른들 기념일 혹은 젊은이들 결혼 때 신문이나 팸플릿 형태로 기념책자를 만들어주는 경우도 있다.
3) 웨딩숍에서 아니 돌이나 백일잔치 때 기념사진을 찍어 판매한다.
4) 일반인을 대상으로 사진과 스토리가 융합되어 감동을 줄 수 있는 신문이나 앨범 형식도 요즘 유행하고 있다.
5) 주로 사진을 중심으로 개인사를 담는 블로그나 카페가 존재한다.

사업의 핵심내용 1) 돌, 결혼, 칠순 등을 맞는 개인의 이야기 혹은 가족사를 취재해 신문이나 회고록 형태로 출간한다. 2) 모아진 사진과 이야기를 바탕으로 인터넷 포털 사이트를 연다. 3) 고객이 직접 책을 출간할 수 있도록 글쓰기, 책쓰기 프로그램 및 자기계발과 미래설계에 도움을 주는 교육프로그램을 운영한다.
실행방법: 비즈니스모델 1) 회고록 출간 대행 2) 돌, 칠순기념 신문, 결혼, 팸플릿 발간 대행 3) 유료 글쓰기 프로그램 4) 유료 자기계발 프로그램 5) 마이스토리닷컴 인터넷 사이트 운영, 광고 수입
기대효과 1) 회고록 및 신문 팸플릿 발간 대행으로 안정적인 사업이 될 수 있다. 2) 사람의 향기가 들어있는 좋은 사업으로 발전할 수 있다. 3) 수많은 개인의 이야기가 한데 모이는 인터넷 포털이 될 수 있다. 4) 남의 이야기를 벤치마킹하여 자기계발을 꾀하는 성공 프로그램으로 발전할 수 있다.

〈연습과제〉

1. 우리 대학이 '산학협력 동아리 개설'에 대한 학생들의 제안서를 공모하려고 한다. 어떤 동아리를 개설하는 것이 가능할까? 학생들이 원하는 동아리가 개설될 수 있도록 학교에 제출할 제안서를 작성해 보자.

2. 현재 우리 대학의 홈페이지 현황을 분석하고 개편 아이디어를 담은 기획서를 작성해보자.

9. 가정통신문 쓰기

21세기 새로운 문화코드로 감성과 소통이 부상되었다. 이전 세기가 효율성과 무한경쟁만을 강조했다면 21세기는 조화와 균형을 주요한 가치로 내세우고 있다. 이는 교육계에서도 예외가 아니다. 베이비붐 세대 이후 이제 우리나라는 한 가정 당 출산율이 1.07명으로 떨어졌다.

교사가 보기에 한 명의 학생은 수십 명의 학생 중 하나이지만, 그 학생은 부모가 보기에 자신의 유일한 혈육이자 미래인 것이다. 과거에는 "학교 선생님 말씀 잘 들어"라는 무조건적 주문이 가능했지만, 이제 부모들은 자식에 대한 교육의 세부를 속속들이 알고 교사와 소통하고자 한다.

가정통신문은 그런 교육수요자들의 요구에 발 맞춰야 한다. 과거 단순히 학교의 행사를 부모에게 전달하거나 준비물 등을 챙겨 보내라는 식의 통신분은 변화된 교육 여건을 온전히 대변하기 어렵다. 특히 유치원과 같이 교사의 세심한 배려와 지도가 필요한 경우에는 학생-학부모-

교사의 소통이 더욱 중요하다. 최근 유치원에서는 가정통신문을 거의 매일 작성하며 그 내용 또한 세분화되어 있다.

가정통신문은 기본적으로 기록-해석-평가의 순서를 통해 작성되어야 한다. 개인적 느낌이나 판단이 주를 이루는 주관적 관찰보다는 사실과 사건을 담는 객관적 관찰이 기록의 기본자세라고 할 수 있다. 학생에 대한 관찰을 통해 작성된 1차 자료인 기록을 바탕으로 해석과 평가가 이루어져야 한다. 특히 주목해야 할 것은 평가에 관한 부분인데 관찰 대상이 한 행동이나 말에 대해 간접화법보다는 교사의 판단이 들어간 직접화법을 구사하는 것이 좋다. 가정통신문 실제작성에 있어 유의해야 할 점은 다음과 같다.

가급적 쉬운 문장을 써야 한다.

교사는 전문교육을 마친 교육 전문가이다. 교사에 비해 학부모는 그러한 전문적 지식에 취약하다. 교사가 배운 전문적 이론들을 가정통신문에 쓰게 되는 경우가 종종 있는데, 이는 가급적 피해야 한다. 교사의 해석과 판단을 학부모가 온전히 이해하지 못할 수 있기 때문이다. 가정통신문은 교사, 부모 양자 모두가 쉽게 이해할 수 있도록 쉬운 용어와 문장을 구사해 작성해야 한다.

객관적이고 구체적 내용을 써야 한다.

교육에 부모의 관심이 커진 만큼 그 서술도 모호한 진술보다는 구체적이고 적확한 내용을 바탕으로 해야 한다. 예를 들어 "철수는 똑똑하고 튼튼한 아이입니다"라는 내용은 사실 빈 껍질에 불과한 표현이다. 관념어를 배제하고 구체적 사실을 명기해 주는 것이 좋다. "철수는 책읽기를 좋아하고 달리기를 잘하는 아이입니다"와 같이 서술해 주는 것이 좋다. 물론, 객관적 관찰을 통해 그 행동에 대해 보다 세부적인 내용을 쓰면 더욱 좋은 통신문이 될 것이다. 유치원에서 오늘 무엇을 가르쳤고 학생이 어떤 반응을 보였는지 등에 대해 세세히 작성하는 것이다.

단어 선택에 유의하고 완곡어법을 사용해야 한다.

학생 평가와 요구 사항은 완곡어법으로 써야 한다. 예를 들어 "철수의 생활태도가 불량하고 산만하여 다른 아이들에게 많은 피해를 줍니다"라는 말은 사실에 근거한 표현일 수 있겠으나 아이의 부모 입장에서 보면 몹시 기분이 상할 만한 표현일 수 있다. 학생뿐만 아니라 학부모 또한 상처받을 수 있다. 따라서 특히 부정적인 내용을 담아야 할 경우 그리고 어떤 생활지도를 요구할 경우에는 되도록 완곡어법을 사용하여 의미를 전달해야 하며 단어 선택에도 신중해야 한다. "철수가 가끔 지나치게 활달하여 다른 학생들과 놀이와 수업에 몰두하지 못하는 경우가 있으니 어머님의 세심한 주의가 필요합니다" 정도로 서술하는 것이 좋다.

학생이 잘한 일, 또는 칭찬할 만한 일을 꼭 한 가지 이상 기술해야 한다.

교육의 기본은 학생의 긍정적인 면을 늘려나가고 부정적인 면을 줄여나가는 데 목적이 있다. 따라서 학생의 장점이 무엇이고, 어떤 행동이 학습발달에 도움이 되는지 주목했다가 가정 통신문에 기록해 주도록 하자. 교사의 칭찬도 아이에게 큰 도움이 되지만 방과 후 부모와의 피드백을 통해 아이가 칭찬을 받았을 경우 더욱 높은 효과를 가져 올 수 있다. 따라서 적어도 한 가지 이상 학생의 장점이나 잘한 일에 대해 써 주는 것이 좋다. 학생뿐 아니라 부모 또한 뿌듯함을 느낄 것이다.

〈연습과제〉

1. 다음은 실제 가정통신문의 일부이다. 앞서 언급한 유의점을 바탕으로 잘된 점과 잘못 된 점을 토론해 보자.

> - 유아의 행동발달 단계는 대체로 2단계에 속하며 5개의 생활영역 중 표현 영역에서의 발달이 다소 높습니다.
> - 대그룹 활동 시 자신의 경험이나 생각을 알맞은 목소리로 이야기하며 새 노래 배우기, 게임, 신체 활동에 적극적으로 참여합니다. 주변 또래의 영향으로 다소 산만해지는 경우가 있어 좀 더 바른 태도가 요구됩니다.
> - 자유 선택 활동 시 교사의 도움으로 놀이를 계획하나 스스로 참여하려는 의지를 보이며 역할 쌓기. 수 조작 영역에 관심을 갖고 참여합니다.
> - 인사를 잘하며 옷차림이 단정하며 정리하기 등 기본 생활습관이 형성되었으나 유치원 생활의 규칙을 이해하며 지키는 태도는 필요합니다.

2. 자주 불화를 일으키는 문제 아동의 부모에게 생활 지도를 부탁하는 내용을 바탕으로 하는 가정통신문을 한 단락으로 작성해 보자.

3. 학생의 장점이나 칭찬을 내용으로 하는 가정통신문을 한 단락으로 작성해 보자.

10. 호텔과 관광지 안내문 쓰기

관광은 '일상적인 거주지를 벗어나 다른 장소를 방문하여 그 지역의 자연환경과 풍습을 경험하며 유람하는 일'이라는 사전의 의미를 넘어 나날이 그 외연을 넓혀가고 있다. 21세기 관광은 '굴뚝 없는 공장'으로 친환경적이며 미래지향적인 산업의 한 영역으로 자리매김하고 있다.

최근 우리 정부에서도 '2010-2012 한국방문의 해'로 지정하면서 관광분야에 많은 투자를 하고 있다. 그리스·태국과 같은 수준의 정도는 아니지만 우리나라의 관광수입 또한 2009년 현재 98억달러(한화 약 12조원)에 달하고 있다. 아시아와 태평양에서 반도의 이점과 반만년 유구한 역사를 가진 우리나라는 성장잠재력이 뛰어난 관광인프라를 지니고 있다.

"구슬이 서 말이라도 꿰어야 보배"라는 속담이 있다. 아무리 좋은 관광인프라를 가지고 있다고 하더라도 그것을 잘 소개하고 안내하지 못한다면 아무 소용이 없는 것이다. 다음은 한 호텔의 안내문이다.

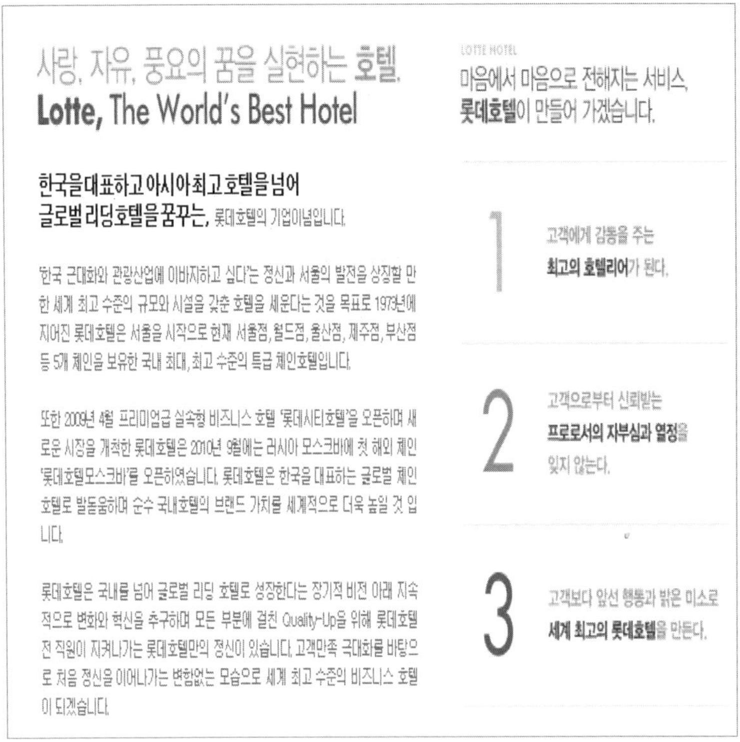
사랑, 자유, 풍요의 꿈을 실현하는 호텔,
Lotte, The World's Best Hotel

한국을대표하고 아시아최고호텔을넘어
글로벌리딩호텔을꿈꾸는, 롯데호텔의 기업이념입니다.

'한국 근대화와 관광산업에 이바지하고 싶다'는 정신과 서울의 발전을 상징할 만한 세계 최고 수준의 규모와 시설을 갖춘 호텔을 세운다는 것을 목표로 1973년에 지어진 롯데호텔은 서울을 시작으로 현재 서울점, 월드점, 울산점, 제주점, 부산점 등 5개 체인을 보유한 국내 최대, 최고 수준의 특급 체인호텔입니다.

또한 2009년 4월 프리미엄급 실속형 비즈니스 호텔 '롯데시티호텔'을 오픈하며 새로운 시장을 개척한 롯데호텔은 2010년 9월에는 러시아 모스크바에 첫 해외 체인 '롯데호텔모스크바'를 오픈하였습니다. 롯데호텔은 한국을 대표하는 글로벌 체인호텔로 발돋움하며 순수 국내호텔의 브랜드 가치를 세계적으로 더욱 높일 것 입니다.

롯데호텔은 국내를 넘어 글로벌 리딩 호텔로 성장한다는 장기적 비전 아래 지속적으로 변화와 혁신을 추구하며 모든 부분에 걸친 Quality-Up을 위해 롯데호텔 전 직원이 지켜나가는 롯데호텔만의 정신이 있습니다. 고객만족 극대화를 바탕으로 처음 정신을 이어나가는 변함없는 모습으로 세계 최고 수준의 비즈니스 호텔이 되겠습니다.

LOTTE HOTEL
마음에서 마음으로 전해지는 서비스,
롯데호텔이 만들어 가겠습니다.

1 고객에게 감동을 주는 최고의 호텔리어가 된다.

2 고객으로부터 신뢰받는 프로로서의 자부심과 열정을 잊지 않는다.

3 고객보다 앞선 행동과 밝은 미소로 세계 최고의 롯데호텔을 만든다.

호텔의 창업이념에서부터 연혁, 비전 등이 소개되어 있다. "사랑, 자유 풍요"라는 테마로 호텔이 추구하는 3가지 서비스 비전을 제시해 강렬한 인상을 주고 있다.

다만 몇 가지 문제점 또한 지적할 수 있다.

시의성의 문제로 "글로벌 리딩호텔"을 꿈꾼다는 대목에 비해, "한국 근대화와 관광산업에 이바지하고 싶다"는 정신은 비교적 낡은 인상을 줄 수밖에 없다.

또한 호텔 주변과 접근성 등에 대한 안내 또한 빠져 있다. 단순히 약도를 제공하는 수준을 넘어서 호텔이 서울이라는 메트로폴리스에 어떤 감성과 감각을 지닌 장소로 부각되고 있는지 지적해 줄 필요가 있다. "변화와 혁신을 추구"한다는 표현 정도로는 해당 호텔만의 특성을 드러낼 수 없는 것이다.

호텔 안내 또한 개인이 쓰는 자기소개서와 같이 자신만의 개성과 강점 등을 독창적으로 드러낼 수 있어야 한다는 것을 명심해야 한다.

가장 한국적인 것이 가장 세계적이라는 말이 있다. 실은 이 말속에 관광 안내의 핵심이 있다. 한 조사에 의하면 한국 방문지에서 가장 흥미가 떨어지는 곳이 인사동이었다고 한다. 몇 차례 한국 방문 중 여러 차례 들렀지만 결코 한국적이지 않았다는 것이다. 즉 우리가 생각하는 한국적인 것과 외국인이 생각하는 한국적인 것에 차이가 있다는 것이다. 전통적인 것이 한국적이지 않다는 말이 아니라 우리의 일상과 가장 밀접한 것이 한국적이라고 외국 관광객들은 느끼고 있다.

사적 제354호로 서울 최초의 근대 공원이다. 조선 세조 13년에 원각사로 건립하였던 것을 고종 34년인 1897년 도지부 고문인 영국인 브라운에 의해 공원으로 조성되어 1920년에 공원으로 개원하였다. 1919년 3. 1 운동의 발상지로 처음으로 독립 선언문을 낭독하고 독립만세를 외친, 우리민족의 독립 정신이 살아 숨 쉬는 유서 깊은 곳이다. 1992년 5월 28일 공원명칭을 파고다 공원에서 탑골공원으로 개정하여 오늘에 이르고 있다. 주요시설로는 독립운동 봉화에 불을 댕겼던 팔각정을 중심으로 국보 제 2호인 원각사지 10층석탑, 국보 제3호인 원각사비 등의 문화재와 3.1 운동 기념탑, 3.1 운동 벽화, 의암 손병희 선생의 동상, 한용운 선생 기념비 등이 있다.

• 유래

탑골공원은 광무1년(1897) 총세무사 영국인 브라운의 건의에 따라 우리나라에서는 처음으로 꾸며진 현대식 공원이며, 1919년 3·1 운동 당시 시내 청년학도와 애국시민이 이곳 파고다 공원에 모여 학생 대표의 독립선언문 낭독에 이어 대한독립만세를 외치고 시위를 벌였던 곳으로 유명하다.

한국관광공사 홈페이지에 게시된 탑골공원의 안내이다. 관광안내문의 기본요건은 물론, 관광지의 기원 및 유래 역사 소개 등이다. 그러나 위의 안내문은 공식적 사료의 나열에 그친 감이 없지 않다. 좋은 관광안내문이 되려면 안내자의 시선이 아니라 '안내를 받는 자', 즉 이방인의 눈에서 바라보아야 한다. 따라서 탑골공원이 현재 어떤 의미로 남아 있느냐를 서술해 주어야 한다. 그렇게 하면 노년의 많은 시민들이 모여 담소하며 소일하는 또 다른 하나의 실버문화 공간으로 대표되는 탑골 공원의 의미를 있는 그대로 작성하는 것이 보다 흥미로운 관광안내문이 되는 데 도움이 될 것이다.

Tip

각종 안내문 작성에 있어 다음 다섯 가지를 염두에 두도록 하자.

1. 개성과 독창성에 유의하라.
2. 안내자가 아닌 안내를 받는 자의 시선으로 작성하라.
3. 과거의 흔적으로서의 유물이 아닌 현재 의미에 대해 설명하라.
4. 포장하거나 왜곡하지 말고 있는 그대로의 모습을 보여줘라.
5. 과거유물에 국한하지 말고 현재 한국의 실제 생활현장도 스케치하자.

〈연습과제〉

1. 앞서 제시된 호텔소개 란에서 다른 문제점이 없는지 찾아보고 추가할 점에 대해 생각해보자.

2. '서비스'가 무엇인가 질문 받았을 때 자신이 할 수 있는 답변을 적어보자.

3. 한국의 가장 인상적인 관광지 하나를 뽑고 추천사유를 말해보자.

4. 서울에 있는 관광지를 중심으로 하루 코스의 일정을 짜고 그에 대한 안내 책자를 작성해 보자.

11. 광고 카피 쓰기

좋은 카피를 쓰기 위한 요건

톡톡 튀는 표현과 아이디어로 승부하라

광고 카피는 제품을 판매하기 위한 목적을 가진 글쓰기이다. 하지만 실용적 내용 설명만으로는 소비자의 이목을 끌지 못한다. 소비자의 이목을 집중시키기 위해서는 남들과는 다르게 제품을 차별화하고 부각시키는 뭔가가 필요하다. 이를 위해서 아이러니[1], 역설[2], 은유[3] 등의 수사적 표현을 차용할 수 있다. 그 중에서 비유하는 대상과 비유되는 대상 사이의 유사성을 중심으로 한 은유는 광고 카피에서 가장 많이 활용된다.

---

1) 아이러니 또는 반어. 아이러니는 나타내는 뜻과 반대되는 말을 앞으로 내세우는 수사법. 이것은 겉으로 드러낸 내용과 그 속에 감추어져 있는 내용을 반대로 말함으로써 표현효과를 높이는 방법. 예)현진건의 소설 〈운수좋은 날〉(인력거장사가 유난히 잘 되던 날 아내를 위해 설렁탕을 사갔으나 아내는 죽어있다).

2) 역설 또는 패러독스. 겉으로는 모순되는 것 같으나 그 속에 중요한 뜻을 감추고 있는 수사법 예) 이것은 소리 없는 아우성(유치환의 시 〈깃발〉).

3) 상태나 상황을 비유적으로 드러내는 수사법. 원관념과 보조관념으로 이루어진다.

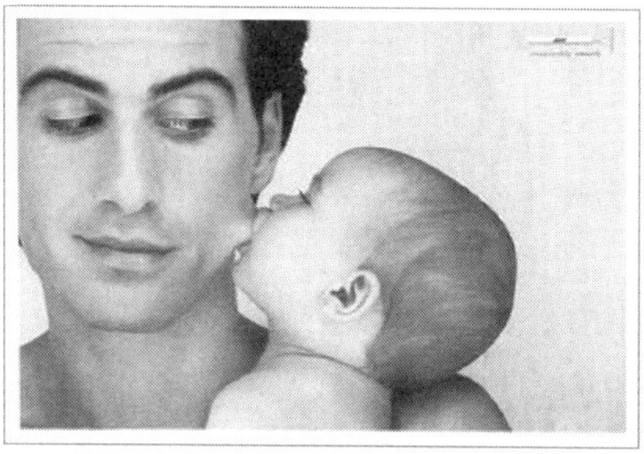

[사례1] irresistibly smooth
"아기는 부드럽게 면도한 아빠의 뺨을 엄마 젖으로 오해했다. 부드러움은 항상 사람을 끌어들인다."

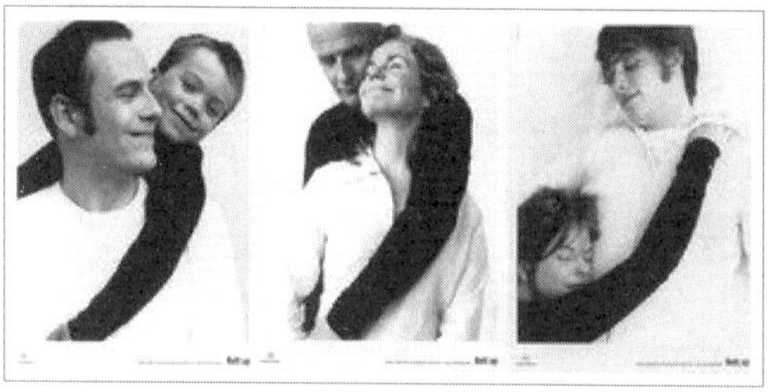

[사례2] belt up :
"삶의 고속도로에서 가족이라는 안전벨트는 필수다."

[사례1]과 [사례2]의 광고 카피는 은유를 차용한 경우이다. [사례1]은 엄마 젖 대신 아빠의 뺨을 빠는 장면과 이를 설명하는 카피를 통해 뛰어난 성능 때문에 '부드러움'을 가능하게 하는 자사 면도날의 특징을 비유하였다. "부드러움은 항상 사람을 끌어들인다"는 카피 역시 자사 면도날의 성능을 매력적인 남성의 의미와 연관시켜 소비자들의 호감을 사는 데 성공했다.

[사례2] 역시 [사례1]의 경우처럼 소비자들에게 친숙한 가족의 모티프(소재)를 차용하고 있다. 사랑스러운 가족 간의 포옹 장면을 안전벨트를 착용한 상황과 유사하게 설정하고, '삶 : 고속도로 = 가족 : 안전

벨트'라는 은유의 논리 관계로 카피를 제시함으로써, 사랑하는 가족을 위해서는 안전벨트를 꼭 매야 한다는 메시지를 한 눈에 전달하고 있다.

[사례3] "하나로 충분해"

골프차 위에서 즐거운 한 때를 보내고 있는 부시 대통령 부자와 "하나로 충분해" 하는 카피의 절묘한 매치는 소비자에게 풍자적 유머를 전달한다. 이 카피는 걸프전을 일으켰던 아버지 부시와 이라크 전쟁을 일으켰던 아들 부시, 이 부자 때문에 골머리를 앓았던 세상 사람의 아픈 머리는 자사 두통약 하나면 치유될 수 있다는 의미가 담겨 있다. 동시에 부시 대통령 부자 중 한 명이면 이제 충분하다(즉, 더 이상의 골칫거리는 필요 없다)는 냉소적 시선도 깔려 있다. 이처럼 인상적인 카피를 쓰려면 소비자의 눈을 사로잡을 수 있는 톡톡 튀는 표현과 아이디어가 필요하다. 앞서 살폈듯이, 관련된 대상을 통해 상품의 특징을 비유적으로 설명하는 은유와 웃음을 자아내게 하는 유머는 광고 카피에 활력을 준다.

복잡하고 진부한 것은 사절! 최대한 간결하고 인상적인 한마디!

광고 카피는 짧은 시간에 최대한 많은 소비자를 설득시켜야 한다. 순간적으로 대중에게 어필하기 위해서는 단순한 문장 구조 안에서 제품을 홍보해야 한다. 예를 들어 모배우가 광고하는 보험회사는 "묻지도 따지지도 않는다"는 카피로 나이 제한이나 건강 상태에 따라 보험 가입이 어려웠던 노인층을 타깃(target)으로 삼고, 묻지도 따지지도 않고 가입이 가능한 자사 보험의 특징을 강조하였다.

이에 반해 복잡한 문장, 복잡한 구성은 소비자들에게 쉽게 내용을 전달하지 못하기 때문에 광고 카피에서 피해야 한다. 이밖에도 과도하게 나열한 수식어나 일반인들이 이해하기 힘든 전문적인 지식, "믿을 수 없는", "뛰어난 품질", "최고의 제품" 등의 상투적인 문구는 광고 카피의 독이 된다.

지나치게 선정적인 표현은 삼가라

제품을 단번에 각인시키고픈 욕심 때문에 때로는 자극적이고 선정적인 카피가 만들어지기도 한다. 하지만 광고 카피는 제품을 홍보해야 하는 특성상 언제 어디서나 모든 계층에게 노출되는 글쓰기라는 것을 잊지 말자. 지나치게 선정적이거나 성적인 것을 연상시키는 표현은 소비자들에게 거부감을 줄 수 있다. 한국 이동통신 011의 카피였던 "유부남의 71%가 때와 장소를 가리지 않고 시도해 봤다"는 때와 장소에 상관없이 통화품질이 좋은 자사 제품을 홍보하고 있으나, 미묘하게 성적인 내용을 연상하게 하는 부분 때문에 일부 소비자층의 불만을 사기도 했다.

과장된 포장보다는 솔직하고 담백한 진심이 소비자의 마음을 움직인다

모 식품 산수유 광고 카피, "남자한테 참 좋은데~ 정말 좋은데~ 직접 말하기도 그렇고~ 어떻게 표현할 방법이 없네"는 소비자의 폭발적인 반응을 일으켰다. 이 카피는 남자에게 좋은 산수유의 효능을 에둘러 말함으로써 소비자의 호기심을 유발하고, "직접 말하기도 그렇고 어떻게 표현할 방법이 없네"라는 솔직하다 못해 촌스러운 카피 콘셉트로 세련되게 포장된 여타의 카피와는 차별된 신선함을 주었다. 제품의 특성상 자칫하면 과장되거나 선정적으로 흐를 수 있는 위험성을 이 카피는 이처럼 꾸밈없이 담백하게 구사함으로써, 소비자들에게 판매자의 진실된 마음을 전달하는 데 성공했다. 이러한 신뢰를 바탕으로 이 광고카피는 대히트를 쳤고, 이후 산수유 제품의 판매량은 급증했다고 한다.

〈연습과제〉

1. 다음의 광고 카피는 단순한 제품 설명 이상의 의미로 이루어져 있다. 각각의 광고의 의도와 그 효과에 대해 자신의 생각을 적어보자.

- 이 세상 가장 향기로운 커피는 당신과 마시는 커피입니다 (동서식품 맥심)

- 초코파이는 情입니다 (오리온 초코파이)

- 바퀴벌레 최후의 만찬 (동아제약 바킬라)

- 명탐정 셜록홈즈를 탄생시킨 것은 그와 한 자루의 파커였다 (파커 - 외국)

2. 최근 가장 인상적이었던 광고 카피를 예로 들고, 그 이유를 적어보자.

3. 기존의 광고 카피를 패러디하여, 세 줄의 광고 카피로 자기 자신을 홍보해보자.

4. 자신이 속한 학교와 학과를 홍보하는 광고 카피를 써 보자.

12. 트위터 글쓰기

트위터란 무엇인가?

"What's happening?" 트위터의 "지금 뭐하고 계세요?"는 21세기 변화된 매체 환경을 가장 잘 드러내 주는 말이다. 트위터란 여러 종류의 소셜 미디어 중에서도 특히 현대 사회의 변화된 소통의 모습을 가장 잘 보여주고 있는 마이크로 블로그이다. 쉽고 가벼운 형태의 소통 방법으로 참여자들이 자신의 활동, 의견과 상황들에 대한 정보를 전달하고 공유할 수 있도록 하여 현대 사회에서 개인의 상호작용 욕구를 충족시켜 주고, 나아가 사회에까지 영향력을 행사하는 주요한 소통양식의 하나로 떠오르고 있다.

트위터가 주목 받는 이유?

사람들이 트위터에 글을 쓰는 이유는 자신의 삶을 기록하고, 논평과 의견을 적고, 감정을 표현하고, 쓰기를 통해 아이디어를 진전시키고 커뮤니티를 형성하고 유지하기 위해서이다. 그 중에서도 트위터를 이용하는 가장 중요한 이유는 지인들과 의견을 교환하거나 안부를 묻는 등의 친교적인 성격 때문일 것이다. 트위터는 지인들과의 의사소통, 즉 '메신저'의 기능을 다른 형태로 구현한 것으로 트위터를 이용하는 참여자의 1차적인 목적은 사람들 간의 '소통'이 주를 차지한다.

그런데 일반적인 SNS와 달리 트위터는 반드시 상호소통성을 중요하게 생각하지는 않는다. 글이 짧고 간결해진 만큼(140자), 관계 역시 간결해지고 있는 것이다. 이때 트위터에서 팔로잉의 목록은 내가 '구독'하는 정보를 생산하는 '생산자'들의 목록과 동일한 목록이다. 결국 마이크로 블로그의 소통은, 관계 증진과 함께 정보 수집의 목적을 강하게 띠게 된다.

트위터 글쓰기

소셜 미디어의 발달로 변화한 사회 네트워크의 운용 원리를 알고, 이를 형성하고 유지할 수 있는 표현방식에 대한 이해 역시 우리가 의사소통 능력을 신장해 나가는 과정에서 반드시 고민해야 할 부분이다. 이것이 트위터 글쓰기를 연습해야 하는 이유가 된다.

단문을 대량으로 쉽게 읽고 쓸 수 있는 소셜 미디어 상에서는 예전의 의사소통 상황과는 달리, 모두가 '참여자'의 지위를 확보하게 되었다. 그러므로 소셜 미디어 상에서의 사회적 관계를 위한 글쓰기를 훈련해야 하는데, 여기에는 두 가지의 목적이 있다. 첫 번째 목적은 동등한 관계에서의 배려적 글쓰기, 두 번째는 정보 공유를 위한 신뢰성 확보의 글쓰기이다.

트위터 글쓰기 훈련의 목적

1. 동등한 관계에서의 배려적 글쓰기

트위터와 같은 소셜 미디어 상에서는 오프라인 상에서 존재했던 성별, 나이, 직업 등의 수직적 관계는 부차적인 문제가 되고, 참여자들 간의 수평적이고 상호적인 관계가 형성된다. 참여자들은 자발적으로 새로운 관계를 맺고, 기존의 관계에서 느꼈던 불충분한 상호작용, 정보의 부족 등을 서로 대등한 입장에서 충족시키면서 자신을 좀 더 확장된 존재로 이끌어 나간다. 트위터에서의 이러한 동등한 관계를 유지하면서 사회와 적극적으로 어울리는 참여자가 되기 위해서 기본적으로 필요한 것은 참여자 상호간의 배려하는 글쓰기이다.

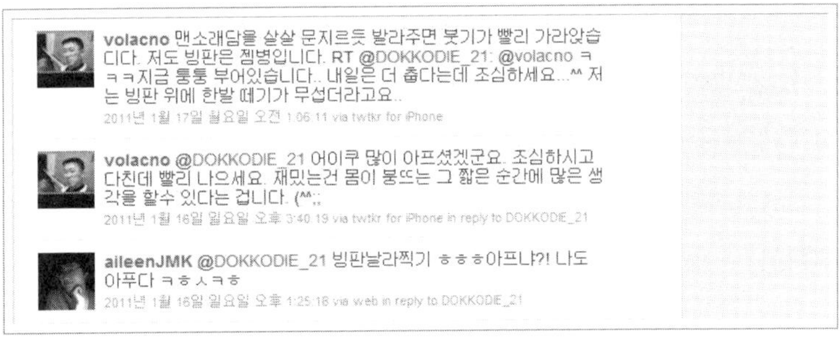

그림 1_동등한 관계에서의 배려적 글쓰기의 예

2. 정보 공유와 신뢰성 확보를 위한 글쓰기

트위터는 새로운 정보 공유처의 기능과 더불어 공론장으로서의 기능을 하고 있다. 이러한 정보 전달, 설득의 목적을 지닌 글쓰기에서 가장 중요한 요소는 신뢰성이다. 개방, 참여, 공유의 특징을 기반으로 하는 소셜 미디어에서는 소통에 참여하는 주체들의 인식과 글쓰기 태도에 따라 공유된 정보가 긍정적으로 사용될 수도 있고, 부정적 영향을 미칠 수도 있다. 다양한 정보의 생산 주체가 된 참여자는 정보 공유의 사적 공간이자 공적 공간이 될 수 있는 트위터의 특성을 인지하고, 신뢰성 있는 소통의 장이 될 수 있도록 노력해야 한다.

4분전 RT @PD_Note: **구제역 발생** 두 달, 230여 만마리 살처분, 거의 전국토가 초토화, 축산업 붕괴 위기... 최초 의심신고가 11월 23일, 정부의 공식발표는 29일. 그 6일 사이에 무슨 일이 벌어졌나? 내일 밤 PD수첩에서 그 실상을 공개합니다.
allerdada | 트위터 원문보기

17분전 경북 성주에서 첫 고병원성 AI
이번 **구제역**이 처음 **발생**했던 경북지역에서 이번엔 고병원성 조류 인플루엔자가 **발생**했습니다. 농림수산식품부는 경북 성주군 용암면의 양계농장에서 들어온 조류 인플루엔자 의심신고를 정밀 검사한 결과 고병원성으로 확인됐다고 밝혔습니다...
신영수 기자 | 경상조은뉴스

17분전 RT @PD_Note: **구제역 발생** 두 달, 230여 만마리 살처분, 거의 전국토가 초토화, 축산업 붕괴 위기... 최초 의심신고가 11월 23일, 정부의 공식발표는 29일. 그 6일 사이에 무슨 일이 벌어졌나? 내일 밤 PD수첩에서 그 실상을 공개합니다.
OPli_miST | 트위터 원문보기

23분전 RT @PD_Note: **구제역 발생** 두 달, 230여 만마리 살처분, 거의 전국토가 초토화, 축산업 붕괴 위기... 최초 의심신고가 11월 23일, 정부의 공식발표는 29일. 그 6일 사이에 무슨 일이 벌어졌나? 내일 밤 PD수첩에서

그림 2_정보 공유를 위한 신뢰성 확보를 위한 글쓰기의 예

〈연습과제〉

1. 트위터의 타임라인 상에서 우리 학교, 내가 다니고 있는 학과에 입학하기 위하여 조언을 구하는 고3 학생에게 우리 학교와 우리 학과에 대해서 소개해 주는 내용의 글을 배려적 글쓰기의 목적에 맞게 140자로 적어보자.

2. 각자가 트위터 활동을 통해서 정보를 공유했던 경험에 대해서 이야기 해 보고, 획득한 정보가 신뢰성 있는 정보였는지, 아닌지에 대해서 이야기해 보자. 또 정보 공유를 위한 신뢰성 확보를 위해서는 어떻게 해야 하는지 생각해 보자.

13. 문화 · 시사비평 쓰기

디지털 시대의 문화·시사비평 쓰기

-나는 발설한다 그러므로 나는 존재한다

현대 사회에서 문화 · 시사비평은 우리를 둘러싸고 있는 사회문화에 대한 관찰력과 분석력, 판단력을 길러주는 데 매우 유용한 글쓰기 방법이다. 최근 이슈가 되고 있는 여러 사회 문제를 비롯하여 드라마, 영화, 대중음악 등 대중문화 전반에 걸친 하위 장르들을 다루는 문화·시사비평은 이 시대를 살아가는 한 주체로서 우리가 가진 사회적 의미와 역할을 모색할 수 있는 계기가 될 수 있다. 무엇보다도 사회문화에 대한 이러한 비평적 글쓰기가 중요한 것은, 이를 통해 이 시대를 살아가는 젊은이로서의 관점을 확립할 수 있기 때문이다. 이런 맥락에서 문화 · 시사 비평은 이 시대에 대한 우리들 각자의 증언이라고 할 수 있다.

좋은 문화·시사비평을 쓰기 위한 몇 가지 지침

- 시대의 흐름을 읽는 눈을 길러라

문화·시사비평은 현재 이슈가 되고 있는 사회문화적 사안에 대한 견해를 쓸 때, 보다 많은 이들과 생산적인 논평을 즐길 수 있다. 좋은 비평을 쓰기 위해서는 무엇보다도 시대의 흐름을 읽을 수 있는 비평적 눈이 확보되어야 한다. 이를 위해서는 우리 주변에서 펼쳐지는 모든 일에 관심을 두어야 할 것이다. 신문이나 인터넷 포털 사이트, 텔레비전 등을 보며 유용한 정보를 얻고 이를 꼼꼼히 따져보면서 현재 사회가 어떻게 흘러가고 있는지 파악해보자. 이밖에도 최근에 발표된 문화·시사비평을 읽어보는 것도 시대적 감각을 기를 수 있는 지름길이다.

- 비평문은 감상문과 다르다

비평문과 감상문 사이에는 큰 차이가 있다. 비평은 예상독자를 의식하고 자신의 견해를 정당화하기 위한 설득적 목적의 글쓰기이다. 이에 반해 감상문은 자신이 느낀 감상을 중심으로 구성된 개인적이고 독백적인 자기 표현적 글쓰기이다. 따라서 문화·시사비평을 쓸 때는 자신의 글이 감상문이 아니라는 것을 의식해야 한다. 이를 위해서는 자신의 글이 충분한 논리 근거와 논증과정을 통해 독자를 설득시킬 수 있는지를 감안하면서 글을 써야 한다.

● 감정적 표현은 피하고 균형감을 갖고 자신의 견해를 논리적으로 전개하라

문화·시사비평은 글쓴이 자신의 비평적 견해에 바탕을 주는 주관성과 그 견해를 논리적으로 설득할 수 있는 객관성을 동시에 요구한다. 특히 중요한 것은 비평 이슈에 대해 비평적 거리를 확보하는 것이다. 논리적인 근거나 분석 없이 감정적으로 기술된 비평은 비평에 대한 신뢰도와 설득력을 약화시킨다. 따라서 비평을 쓸 때는 글이 감정적으로 흐르지 않도록 이러한 논리의 균형감을 갖추도록 노력해야 한다.

● 자료조사를 철저히 해라

비평할 때 가장 중요한 것 중 하나는 분석 대상이나 현상에 대한 정확한 이해이다. 이를 위해서는 자신의 생각을 뒷받침할 수 있는 근거를 구체적으로 확보해야 한다. 인터넷 등을 활용하여 관련 자료를 검색하거나, 상황에 따라서는 전문서적을 참고할 수도 있다. 이러한 자료조사가 탄탄하게 이루어질 때, 보다 논리적이고 설득력 높은 비평문을 쓸 수 있다.

좋은 비평문을 완성하기 위한 질문들

아래의 질문들을 검토하면서 비평문을 퇴고한다면 많은 도움이 될 것이다. 물론 처음 글을 쓸 때부터 이러한 질문을 고려한다면 그 효과는 더욱 배가될 수 있다.

① 논지의 일관성이 있는가? ⇨ 논지의 일관성 유지

비평의 논지가 일관성이 있는지 검토한다. 여러 주장을 맥락 없이 횡설수설하고 있다면 논지의 통일성을 위해 불필요한 서술을 과감히 삭제해야 한다.

② 결국 말하고자 하는 것이 무엇인가? ⇨ 주제의 명료화

독자에게 자신이 말하고자 하는 것이 명료하게 드러나는지 살펴보자. 주제가 선명하게 드러나지 않는다면 좀 더 분명히 자신의 입장을 드러낼 수 있는 중심문장을 보완하자.

③ 그렇게 말하는 근거는 무엇인가? ⇨ 논거제시

자신의 주장에 대한 근거가 논리적으로 제시되고 있는지 검토한다. 근거가 불충분할 경우에는 논거를 더 보완할 필요가 있다.

④ 좀 더 구체적으로 말해줄 수 없나? ⇨ 상세화

구체적이고 상세하게 논의가 진행되고 있는지 확인한다. 애매모호하게 기술된 부분은 이를 상세하게 부연하는 진술을 보충하도록 한다.

⑤ 좀 더 와 닿게 말해줄 수 없나? ⇨ 비유, 비교 / 대조

자신이 말하고자 하는 바를 효과적으로 전달하기 위해서 독자들의 이해를 도울 수 있는 수사법을 활용할 수 있다. 서로 유사한 것들을 '비유'하거나, 공통점으로 중심으로 '비교'하는 방법을 쓸 수 있

다. 또한 차이점을 중심으로 한 '대조'도 독자의 이해도를 높이는 데 기여한다.

⑥ 예를 들면 어떤 것이 있나? ⇨ 예시 / 예증

구체적인 예를 들어 설명하거나 논증한다면 자신의 의견을 더욱 명확하게 전달할 수 있다.

⑦ 다 아는 내용이 아닌가? ⇨ 참신한 내용 제시

자신의 견해가 누구나 아는 뻔한 내용이 아닌지 검토한다. 성공적인 비평문의 관건이 참신한 분석과 관점이라는 것을 명심하자.

⑧ 그 반대도 생각해 볼 수 있지 않은가? ⇨ 예상되는 반론에 대한 논박

미리 예상되는 반론을 고려하여 이를 다시 재반박할 수 있는 논지들을 배치한다면 좀 더 다각적 입장에서 비평의 견해를 확장시킬 수 있다.

지금까지 살펴보았던 내용과 형식상의 질문을 토대로 몇 년 전 인터넷 게시판을 뜨겁게 달구었던 다음의 글을 읽어보자.

〈디 워〉를 둘러싼 참을 수 없는

이송희일 감독

1.

막 개봉한 〈디 워〉를 둘러싼 요란한 논쟁을 지켜보면서 최종적으로 느낀 것은 막가파식으로 심형래를 옹호하는 분들에게 〈디 워〉는 영화가 아니라 70년대 청계천에서 마침내 조립에 성공한 미국 토스터기 모방품에 가깝다는 점을 말하고 싶다. '헐리우드적 CG의 발전', '미국 대규모 개봉' 등 영화 개봉 전부터 〈디 워〉를 옹호하는 근거의 핵심축으로 등장한 이런 담론들과 박정희 시대 수출 역군에 관한 자화자찬식 뉴스 사이에는 아무런 차이가 없다.

여기는 여전히 70년대식 막가파 산업화 시대이고, 우리의 일부 착한 시민들은 종종 미국이란 나라를 발전 모델로 삼은 신민식지 반쪽 나라의 훌륭한 경제적 동물처럼 보일 뿐이다. 이야기는 엉망인데 현란한 CG면 족하다고 우리의 게임 시대 아이들은 영화와 게임을 혼동하며 애국심을 불태운다. 더 이상 '영화'는 없다. 이 영화가 참 거시기하다는 평론가들 글마다 주렁주렁 매달려 악다구니를 쓰는 애국애족의 벌거숭이 꼬마들을 지켜보는 건 정말 한 여름의 공포다.

2.

그 놈의 열정 좀 그만 이야기해라. 〈디 워〉의 제작비 700억이면 맘만

먹으면, 난 적어도 350개, 혹은 컬리티를 높여 100개의 영화로 매번 그 열정을 말할 수 있겠다. 제발, 셧업 플리스. 밥도 못 먹으면서 열정 하나만으로 영화 찍는 사람들 수두룩하다. 700억은커녕 돈 한 푼 없이 열정의 쓰나미로다 찍는 허다한 독립영화들도 참 많다는 소리다. 신용 불량자로 추적 명단에 오르면서 카드빚 내고 집 팔아서 영화 찍는, 아주 미친 열정의 본보기에 관한 예를 늘어놓을 것 같으면 천일야화를 만들겠다. 언제부터 당신들이 그런 열정들을 챙겼다고……참나.

심형래씨는 700억 영화짜리 말미에 감동의 다큐와 감동의 아리랑을 삽입하고, TV 프로그램마다 나와서 자신의 열정을 무시하지 말라고 말하는데, 사실은 아예 그럴 기회조차 없는 사람들이 고지깔 안 보태고 영화판에 몇 만 명은 족히 존재할 게다.

지구가 존재한 이래 충무로에서 가장 많은 돈을 받아서 영화를 찍어 놓고, 누가 누구를 천대했다는 건지, 참나.

3.

충무로가 심형래를 무시한다고? 정작 심형래를 '바보'로 영구화하고 있는 건 그렇게 말하는 사람들이다. 충무로라는 영화판은 대중문화 시대를 살아가는 소비자들에게 애증의 욕망 대상이다. 스타들을 좋아하지만, 반면 끊임없이 스타들을 증오하는 두 가지 배반된 욕망의 투영물인 셈. 이는 스펙타클화되어 있는 정당 정치에 대해 시민들이 갖는 이중의 배리되는 시선과 닮아 있다.

예를 들어 기존 정당 정치에서 배제된 듯 보이는 '바보' 노무현은, 잘 살고 거짓말을 일삼는 기존 정치인들에 대한 유일한 대항점으로 시민들에게 비춰지면서 대권을 잡는 데 성공했다. 심형래는 이와 다르지 않다. 충무로에서 지속해서 배척된다고 가정된 바보 심형래에 대한 시민들의 지지는 심형래의 아우라와는 하등 상관이 없다. 그저 기존 충무로에 대한 환멸이 투영되어 있으며, 바보는 여전히 바보로서 시민들에게 충무로에 대한 환멸의 근거를 제공할 뿐이다.

여기에서 우리가 간과하는 것은 예나 지금이나 '바보 전략'은 바보 아닌 것들을 비난하며, 서로를 바보, 바보 애정스럽게 부르다가 끝내는 정말 바보가 되어 선거함에 투표 용지를 몰아넣거나 친절하게 호주머니를 털어 영화 티켓값으로 교환해주는 바보 놀이, 즉 아주 수완 좋은 훌륭한 마케팅이라는 것이다.

4.

심형래와 기타노 다케시의 차이가 무엇이라고 생각하는가? 코메디언 출신이면서 B급 영화들을 만들어낸 두 사람의 차이 말이다. 열정의 차이? CG의 기술력의 차이? 애국심의 차이? 헐리우드에 대한 맹목적인 신뢰의 차이? 딱 하나 있다. 영화를 영화적 시간과 공간 내에서 사유하는 방식에 대한 차이다.

CG가 중요한 것도, 와이어 액션이 중요한 것도, 단검술과 권격술의 합의 내공이 중요한 것도 아니다. 내가 무엇을 말하려고 하는지 스스로조차 정리가 안 되어 있다면, 그 아무리 입술에 때깔 좋고 비싼 300억짜리 루즈를 발랐다고 해도 아름다운 이야기가 되는 것은 아니다.

5.

좀 적당히들 했으면 좋겠다. 영화는 영화이지 애국심의 프로파겐다가 아니다. 하긴 도처에 난립하고 있는 온갖 징후들로 추측해 보면, 이 하수상한 민족주의 프로파겐다의 계절은 꽤나 유의미한 악몽의 한 철로 역사의 페이지에 기록될 게 분명하다. 아, 덥다 더워.

〈연습과제〉

1. 〈좋은 비평문을 완성하기 위한 질문들〉을 토대로 하고 다음 논평 사례를 참고하며 이송희일 감독의 글을 평가해 보자.

> ■ 사례
>
> 이 글은 이송희일 감독이 개인 블로그에 올린 글이기 때문에 엄격하게 비평문이라는 잣대로 평가하기에는 다소 무리가 있다. 하지만 이 글의 문제적 발언은 비평이 지녀야 할 여러 미덕의 방향성을 새삼 가늠하게 한다. 이 감독은 〈디 워〉를 옹호하는 대중들은 강렬하게 비판한다. 하지만 개인의 감정 여과를 거치지 않은 자극적인 언사들은 오히려 읽은 이로 하여금 비평의 방향을 모호하게 만든다.
>
> 이 글의 가장 문제적인 것은 자신의 주장은 강하게 드러나고 있으나 이를 뒷받침하는 구체적 논거와 논증과정이 없다는 것이다. 이 점 때문에 이 글은 비평으로서 기능하지 못하고 비판의 글로 전락하고 있다. 그런 맥락에서 이 글은 예상되는 독자의 반응을 전혀 고려하지 못한, 혹은 예상되었더라도 이를 철저하게 무시한 필자의 일방적 발언으로 귀결되고 있다. 바로 이 지점 때문에 이 글에 대한 네티즌들의 비난의 폭발이 일어난 것은 아닐까.(5조 박○○, 황○○, 한○○)

2. 최근 유행하고 있는 대중음악에 대한 자신의 견해를 드러내는 문화·시사비평을 써 보자.

Tip

예를 들어 아이돌 스타나 걸 그룹 위주로 형성된 대중음악 시장의 문제점, 성인 가요의 위축, 사랑과 이별의 소재로 편중된 노래가사, 자극적이고 선정적인 가사의 문제점, 비슷비슷한 멜로디, 매년 불거지는 표절 시비와 기획사와 가수 간의 불화 등을 살필 수 있다.

3. 영화나 드라마를 한 편 보고 이에 대한 문화·시사비평을 써 보자.

14. 인터넷 글쓰기

21세기와 인터넷

우리는 늘 "지금, 여기"라는 지평에 존재한다. 우리는 현재라는 시간의 장(場, field)을 살고 있으며, 사회적 · 문화적으로 정의된 공동체 공간 안에서 삶을 영위한다. 이전 세기와 비교해, 그리고 다른 여러 나라들과 견주어 볼 때, 우리 사회의 인상적인 변별점으로 부각되는 것이 인터넷이다. 인터넷은 지난 세기인 20세기와 구별되는 21세기의 독특한 특성이며, 전 세계에서 한국을 IT강국으로 만든 주요한 견인차이다.

인터넷은 산업혁명 이후로 우리 삶의 양상을 가장 획기적이고 적극적으로 바꾸어 놓았다. 인터넷 글쓰기를 통해 우리는 새로운 관계를 수립하기도 하고, 최신의 정보를 손쉽게 수집할 수 있다. 뿐만 아니라 한 번의 클릭을 통해 전혀 다른 주제와 기획으로 구성된 가상의 세계를 경험할 수 있다. 이제 인터넷은 21세기 경제 · 정치 · 문화의 주요한 코드로 자리매김했으며 우리 삶에서도 결코 간과할 수 없는 '도구'가 된 것이다. 기존의 아날로그 문화와 비교해 오늘의 인터넷 문화는 여러 다른 특징을 지닌다. 그 대표적인 특성이 '속도', '용이성', '가상성'이다.

인터넷의 올바른 글쓰기 방법

인터넷은 때로 사회적인 문제를 불러일으키기도 한다. 근년에 불거진 모 연예인의 자살 사건과 관련된 인터넷 루머 유포, 악플에 기인한 학생들의 폭력 사건 등은 인터넷 시대의 어두운 이면이다. 인터넷 글쓰기가 비교적 근년에 이르러 형성된 탓에 제도적인 장치나 규제가 미흡한 것이 사실이다. 인터넷 글쓰기의 장점을 살리고 그 폐단을 줄이기 위해서는 무엇보다 자신의 자기검열이 무엇보다 선행되어야 한다. 인터넷 시대의 올바르고 효과적인 글쓰기를 위해 우리는 다음의 사항들을 주의해 살펴야 한다.

● 왜곡된 용어 사용을 자제해야 한다

채팅과 같은 대화 프로그램 등에서 많이 사용되고 있는 "ㅋㅋㅋ", "KIN", "방가방가" 등등의 단어들은 인터넷에서만 쓰이는 파편화된 언어이다. "방가방가"는 '반가워요'의 의미를 지닌 단어로 축약된 것이며 "KIN"은 '즐겁다'의 제일 앞 자인 '즐'을 본 딴 것이다. 물론 이는 실제로 '즐겁다'라는 말로 유통되기보다는 남을 비웃거나 낮춰 보는 의미로 많이 쓰이고 있다. 이렇듯 현실 공간에 사용하는 언어와는 달리 축약, 왜곡된 경우가 많다.

또 인터넷 용어들은 지나치게 유행에 민감하며 기존의 언어 체계에서 벗어나 있어 일반 언중들은 도무지 이해하기 어렵다. "이뭐병", "여

병추", "듣보잡" 등등의 신조어들이 원활한 소통과 바른 글쓰기에 방해된다는 것은 재론의 여지가 없다.

지나친 인터넷 용어의 사용에 기인한 소통의 부재는 사회의 기초 단위인 가정에서도 쉽게 발견된다. 10대 아이가 말한 "흠좀무"의 뜻을 30~40대의 부모가 알기란 매우 어려운 일이다. 인터넷의 한 특성인 '빠름'에 기인된 이 같은 언어의 파괴현상은 인터넷 글쓰기에서 지양되어야 한다.

● 비속어 사용이나 인신공격성 댓글을 삼가야 한다

인터넷 공간은 실제의 공간이 아닌 가상의 공간이다. 채팅을 하거나 댓글을 달 때 상대를 직접 대면하고 있는 것이 아니다. 이러한 인터넷 공간의 가상성과 익명성은 자유로운 글쓰기와 의견 개진을 가능하게 하지만, 방종으로 오용되는 경우도 심심치 않게 발견된다.

채팅창에서 상대를 현실공간에서 직접 만나지 않는다는 이유로 지나친 욕설이 오가는 경우가 많다. 그러나 비속어의 사용은 이용자 자신의 품격을 떨어뜨리는 것뿐만 아니라 인터넷 문화의 저속화 경향을 부추기는 꼴이 된다. 또한 인신공격성 댓글이나 모욕성 댓글 쓰기는 실제 처벌의 대상이 되기도 한다. 현실에서든 가상의 공간인 인터넷 공간에서든 교양과 예의를 지키는 것은 인간의 가장 기본자세인 것이다.

● 올바른 문장을 사용해야 한다

올바른 문장의 사용은 원활한 의사소통을 위한 필수조건이다. 문장에 오류가 있거나 왜곡이 있다면 인터넷 공간 안에서도 이해와 소통이 어렵기 마련이다. 그러나 실제 인터넷 공간 안에서 이런 규칙이 지켜지지 않는 경우가 매우 많다. 올바른 문장 사용과 관련해 여러 문제들이 발견되지만 인터넷 글쓰기의 가장 큰 문제는 띄어쓰기이다. 과도한 언어경제를 추구한 나머지 띄어쓰기가 잘 지켜지지 않고 있다. 띄어쓰기는 한국어 문장체계의 주요한 기능으로 이를 무시한다면 바른 언어생활이 불가능하게 된다. 아래는 인터넷 사이트에 실려 있는 잘못된 띄어쓰기의 사례들이다.

원문	바른 용례	사이트 이름
100만명의 소비자 시장을	100만 명의 소비자 시장을	〈한글과 컴퓨터 : 회사 소개\4대 공개 원칙〉
내년에도 3만실 정도가 준공될 예정이어서	내년에도 3만 실 정도가 준공될 예정이어서	〈네이버 : 네이버 부동산\분양 정보\분양 돋보기〉
개편 작업을 진행하던 중	개편 작업을 진행하던 중	〈다음 : 카페\공지 사항\카페의 일부 기능 장애에 대한 안내〉
박대변인은 이날 정례 브리핑을 통해	박 대변인은 이날 정례 브리핑을 통해	〈연예스투 : 뉴스투데이\종합/화제〉
10여분만에	10여 분 만에	〈진보 네트워크 : 참세상 방송국\농가 부채 받아내려 깡패 동원도 가능해진다〉
2년전부터 부동산 시장을 달궈온 오피스텔 중	2년 전부터 부동산 시장을 달궈온 오피스텔 중	〈네이버 : 네이버 부동산\분양 정보\분양 돋보기〉
1년 여의 준비기간과 개발기간을 거쳐	1년여의 준비 기간과 개발 기간을 거쳐	〈한글과 컴퓨터 : 회사 소개\가족사 소개〉

원문	바른 용례	사이트 이름
이력서 제목같은 경우는	이력서 제목 같은 경우는	〈잡코리아 : 고객 센터 \ 이용 안내 \ 이력서 등록〉
필요없는 메일들을 온라인우표제가 차단해 드립니다.	필요 없는 메일들을 온라인 우표제가 차단해 드립니다.	〈다음 : 온라인 우표제〉
48시간이 지났는데 왜 처리가 안되나요?	48시간이 지났는데 왜 처리가 안 되나요?	〈네이버 : 홈페이지 등록 \ FAQ \ 플러스 등록 FAQ〉
surfer@naver.com으로 문의 하시기 바랍니다.	surfer@naver.com으로 문의하시기 바랍니다.	〈네이버 : 홈페이지 등록 \ 홈페이지 수정/삭제〉
아이들이 책읽기 보다 시각매체를	아이들이 책 읽기보다 시각 매체를	〈에듀넷 : 학부모 마당 \ 함께 나눠요 \ 자녀와 함께 \ 책 읽기〉

● 근거 없는 억측성 글을 게시하거나 동조해서는 안 된다

인터넷 문화에서 가장 경계해야 할 부분이 루머의 유통이다. 근거가 불분명하거나 억측이 난무한 글과 기사가 인터넷을 통해 유통되면서 여러 폐단이 생겨나고 있다. 불명확한 정보를 유포하는 것은 개인적인 사건에 머무는 것이 아니라 사회 전체의 문제로 확대될 가능성이 있다. 인터넷이 건전한 언로의 공간으로 유지되기 위해서는 잘못된 정보나 루머의 유통이 차단되어야 한다. 루머와 관련된 글에 견강부회하는 것도 물론 삼가야 한다.

● 논리성과 타당성에 근거해 글을 작성해야 한다

인터넷 공간 안에서 쓰는 글 또한 정확한 논리와 타당성을 바탕으로 작성되어야 한다. 종이에 인쇄되는 글뿐만 아니라 인터넷 공간에 게시

하는 글 또한 하나의 완성되고 완전한 글이 되어야 한다. 그럼에도 불구하고 인터넷 공간에 유통되거나 게시되는 글들 중 많은 글들이 정확한 논리나 근거를 바탕으로 작성되지 않은 경우가 있다. 인터넷 공간은 가상 공간이라는 점에서 편가르기식 글쓰기가 횡행한다. 편가르기식 글쓰기는 본래 주제에서 벗어나 인신 공격적이거나 소비적인 글쓰기로 변질될 염려가 있다.

인터넷은 21세기 인류 문화의 커다란 혜택이다. 인터넷을 통해 지식 정보의 공유와 전달이 획기적으로 진보·발전하고 있다는 것을 부인할 수 없다. 빠른 속도와 접근의 용이성, 가상성을 특성으로 하는 인터넷에 올바른 글쓰기로 참여하여 나와 세계를 보다 긍정적인 방향으로 전개시킬 의무가 21세기 "지금, 여기"의 우리에게 요청되고 있다.

〈연습과제〉

1. 여기서 거론된 사항 중에서 가장 공감 가는 사항을 대상으로 댓글을 써보자.

2. 인터넷 글쓰기에서 이외 다른 제안이 있다면 한 단락 써보자.

15. 제품사용 설명서

설명서는 일반 대중을 상대로 하는 글이다

비즈니스 설명서에서는 상품의 특성이나 사물의 성질과 가치, 작동 방법, 작동의 과정 등을 제공하는 것이 일반적이다. 소비자가 궁금해 하는 점을 쉽게 풀이해서 알려주는 것이 주 목적인 셈이다. 그러니 작성할 때에 무엇보다도 일반 대중을 상대로 한다는 것을 기본 전제로 하여야 한다.

기업에서 주로 작성하는 설명서에 상품소개서와 제품설명서가 있다. 두 유형의 글이 비슷하긴 하지만 상품소개서가 제품설명서보다 훨씬 대중적인 성격을 지닌다. 상품소개서가 일반인들이 친근하게 읽고 내용을 쉽게 이해하도록 하는 것이 핵심이라면 제품 설명서는 제품의 특징과 활용도에 대해 세부적으로 언급하게 되는 경우가 대부분이다. 물론 목적도 조금 다르다. 상품 소개서가 소비자에게 상품의 특징을 잘 전달해 상품을 구입하도록 유도하는 것이 목적이라면, 제품 설명서는 제품 구입도 유도할 수 있겠지만 제품의 사용법에 대해 알려주는 것이 주된 목적이랄 수 있다.

설명서는 쉬워야 한다

다시 말해 두 유형의 설명서는 되도록 쉽게 작성하는 것이 원칙이다. 설명서의 내용이 어렵다면 독자가 이해하기 어렵고 오히려 혼란만 생길 것이다. 일반 소비자가 제품 설명서에 설명된 대로 따라 했는데도 조립이 어렵거나 제대로 작동하지 않는다면 설명서는 그 기능을 발휘하지 못한 것이다. 재삼 강조하지만 설명서는 일반 대중을 상대로 하는 비즈니스 글쓰기이다. 누가 읽어도 쉽고 정확하게 이해할 수 있도록 작성해야 한다.

상품소개서를 쓸 때에는 상품의 특징을 정확하게 제시하는 것이 우선 순위이다. 그리고 상품의 이용 방법, 상품 이용 시의 혜택 등에 대한 설명도 덧붙일 수 있다. 가장 중요한 작성 원칙이라면 내용을 한 눈에 파악할 수 있도록 하는 것이다.

제품 설명서는 상품 소개서에 비해 세부적인 내용을 담아야 할 경우가 많다. 제품의 일반적인 개요나 특징에서부터 사용법까지 세밀하게 쓰도록 한다. 특히 제품이 어떤 특징과 기능을 갖고 있는지 명확하게 제시하는 것이 좋다. 그리고 사용방법 설명이 무척 중요하다.

기사형 설명서

아이의 몸에 맞게 단계별로 설계된 카시트 타입을 잘 구분해 사용해야

아이가 신생아 때 카시트를 이용하지 않고 부모가 직접 안고 타는 경우를 볼 수 있다. 그러나 이런 경우 교통사고가 발생하면 부모는 사고 충격으로 안고 있는 아이를 놓치거나, 자신을 방어하기 위해 순간적으로 아이를 압박해 숨이 막히게 할 수도 있다. 따라서 아이를 안고 타는 것은 사고 발생 시 아이의 생명을 크게 위협하는 요소가 되기도 한다.

이에 따라 우리나라에서도 카시트 장착 의무화, 법제화 움직임이 활발해 지면서 유아용 카시트에 대한 수요와 관심이 높아지고 있다. 지난 2006년 6월 도로교통안전협회는 모든 도로에서 6세 미만 유아는 카시트를 장착하고 좌석 안전띠를 매도록 도로교통법에 따라 의무화 했으며, 이를 위반할 경우 20만원 이하의 벌금이나 구류 또는 과태료 처분을 받는다. 이를 위해 부모들은 자녀의 안전을 위해 연령과 체형에 맞는 단계별 카시트를 사용해야 한다.

그럼, 신생아용 카시트 설치방법에 대해서 자세히 알아보자.

첫 번째는 생후 1년 미만인 신생아용(맥시코시 카브리오픽스) 제품이다. 이 제품은 신생아용 카시트로 바구니형으로 제작됐으며, 아이가 뒤쪽을 바라보도록 뒷좌석에 후방장착 하는 것이 좋다. 이 시기에는 목과 척추의 미발달로 인해 자동차 흔들림으로부터 집중보호가 필요하고 자동차 충돌 시 상대적으로 단단한 뼈 부분으로 충격이 분산되도록 해야 하기 때문이다.

맥시코시 카브리오픽스 신생아용 카시트 설치 방법은

① 맥시코시 카브리오픽스를 뒤보기 방향으로 한 다음 좌석에 놓고 캐링핸들을 수직 상태로 세워 고정시킨다.

② 자동차 안전벨트의 허리벨트로 쉘과 두 개의 파란색 하단벨트 고정후크를 지나도록 감아준다.

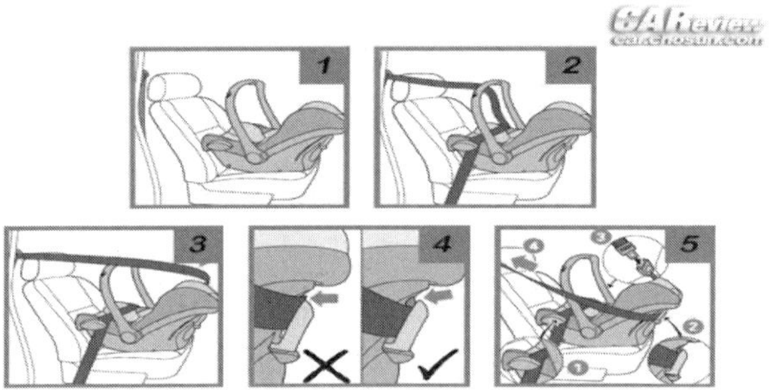

③ 자동차 안전벨트의 어깨벨트를 맥시코시 카브리오픽스 뒤쪽의 파란색 고정후크 안쪽으로 감아준다.

④ 자동차 안전벨트가 후크에 정확히 고정됐는지 꼭 확인한다.

⑤ 자동차 안전벨트의 버클을 결속하고, 꼬임이 없는지 확인한 다음 단단히 조여준다. 또한, 자동차 안전벨트가 3곳의 파란색 고정후크를 정확히 통과해 고정됐는지 확인한다.

※ 맥시코시 카브리오픽스 신생아용 카시트는 3점식 안전벨트에서만 장착이 가능하다.

상당히 길고 복잡하지만 차근차근 읽어보면 누구나 이해하고 따라 할 수 있다는 것이 이 설명서의 특징이라고 할 수 있다. 기사문 형식으로 그림과 사진을 적절히 사용하여 이해도를 높이고자 했다. 그림이 복잡한 것이 흠이 될 수도 있다.

캠페인형 설명서

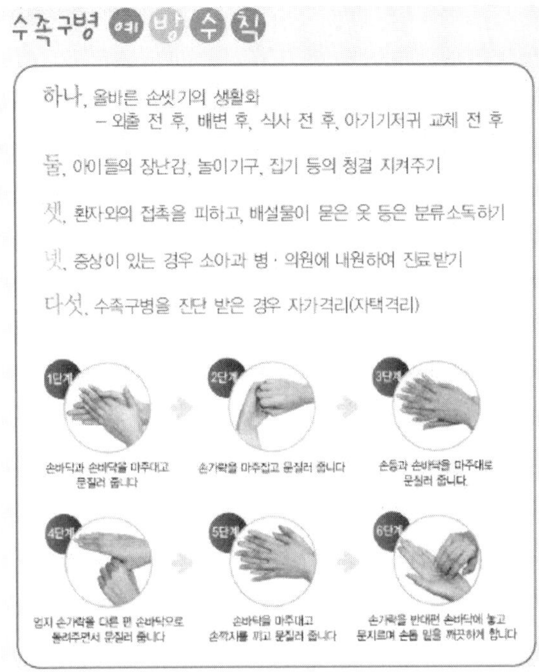

전염병 예방 수칙을 잘 정리하고 있고, 손 씻는 방법을 사진 등 비주얼을 함께 보여주어 전달력을 높이고 있다.

정보제공형 설명서

초보자가 알아두면 도움 되는 보험용어 정리

- 보험료/보험금

의외로 헷갈려 하는 사람이 많다. '보험료'는 보험가입자가 가입

조건으로 보험회사에 납입하는 금액을 말한다. 보통 매월 정기적으로 납입하는 것이 대부분이고, 3개월 · 6개월 · 1년마다 정기적으로 내는 방식도 있고, 일시에 납입하는 경우도 있다. '보험금'은 반대로 보험회사가 보험가입자에게 지급하는 금액을 말하며, 사고가 날 경우나 만기 시에 지급하는 경우가 대부분이다.

- 계약자/피보험자/수익자

'계약자'는 보험료를 납입하는 의무를 진 사람이고, '피보험자'는 보험사고 대상자를 말한다. 따라서 계약자와 피보험자가 다를 경우 계약자가 사고를 당하더라도 보험금이 발생하지는 않는다. 보험금 지급여부는 피보험자 기준이다. '수익자'는 보험금을 지급받을 사람을 의미한다.

수익자는 보통 만기 시 수익자, 상해 시 수익자, 사망 시 수익자로 구분되며 수익자를 별도로 지정하지 않을 경우에는 법정상속인이 수익자가 된다. 보통은 계약자와 피보험자를 동일하게 하여 가입한다.

금융 상품에 이런 설명서가 포함되어 있다면 정보제공에도 도움이 되고 회사의 상품 소개에 신뢰를 높일 수 있겠다.

제 Ⅲ 장

문장이 정확해야 글이 산다

내 문장을 다시 보자

비문(非文)의 파문

고대 이래 현대에 이르기까지 동서양을 막론하고 글쓰기는 모든 분야의 교과과정(教科課程)에서 필수이다. 글쓰기는 인간이 인간으로서 인간답게 살아가기 위해 갖추어야 할 기본 능력일 뿐만 아니라 전공 공부와 그 표출, 그리고 여러 사회생활과 직업의 직무수행에서 언제나 기본수단이 되기 때문이다.

너무나 새삼스럽지만 모든 글은 문장과 문장으로 이루어진다. 문장이 정확하지 않으면 그 어떤 주제와 정보를 다룬다고 할지라도 그 전달과 설득에서 불리해지며 외면 받을 수도 있다. 게다가 문장과 글은 그 필자의 사고능력과 동일시되고 있어 비문이 겹치면 필자의 인격 평가에까지 연결되면서 불리한 영향을 초래할 수 있다. 효율을 따지는 실용문 분야에서는 더욱 그러하다.

문장은 여러 부분으로 조직된 전체

글은 말과 달리, 관련 대상, 표정, 시선, 몸짓 등이 생략된 채 오직 문장에만 의지한다. 문장으로 모든 것을 지시하고 표현해야 하는데, 무엇보다 요구되는 것이 다시 말해 문장 자체의 정확성인 것이다. 장르에 따라 글 전체를 일관하는 주제와 전개를 조직화하는 서술체계가 있어야 하지만 이는 문법과 관례를 준수한 정확한 문장들의 상호 관계로서만 가능하다.

문장은 글의 일부이면서 나름대로 여러 낱말들로 조직된 하나의 전체이다. 전체란 부분들이 다른 부분과 관계를 맺어 자신의 역할을 갖게 되고 또 다른 부분으로 하여금 역할하도록 하여, 자족성과 의의를 구축하면서 독자(獨自)기능을 발휘하는 유기체이다. 모든 문장은 그 자체로 완결되어야, 정확하고 독립된 메시지를 구현할 수 있다.

앞에서도 강조하였듯이 문장은 하나의 의미가 정립된 서술(敍述)이어야 하며 그러려면 의사 표현에 요구되는 성분들(주어, 서술어, 목적어, 보어, 관형어, 부사어, 독립어)이 필요에 따라 배합되어 상부상조(相扶相助)하는 질서가 형성되어야 한다. 특히 주어와 서술어, 목적어와 서술어, 수식어들인 관형어, 부사어와 피수식어들인 주어, 목적어, 서술어, 보어가 자연스럽고도 긴밀하게 호응하여야 알력(軋轢)과 모순 없는 단일 통일체가 되어 의사 전달에서 객관성을 확보한다. 또 문장 성분의 호응에는 특정 낱말끼리의 연쇄도 포함된다.

내 문장을 정확하게

그런데 내 문장과 주변의 문장이 다 그러한가. 맞춤법과 띄어쓰기 위반을 비롯하여 틀리거나 부적절한 낱말이 있는 가운데 문법과 관례를 위반한 비문(非文)이 많다. 그 뜻을 이해하기 위해 필요 이상의 노력을 해야 하는 문장이 있는가 하면, 아무리 애를 써도 정확한 뜻 파악을 포기해야 하는 문장도 있다.

오늘 우리 대학생들은 중·고등학교 재학시절에 암기 위주 국어 교육을 받았고 대학에 진학하여서는 전공에 치중하느라 대체로 구문(構文)과 서술(敍述)이 불안정하며 각종 오류가 발견되고 있다. 문장을 정확하게 쓰지 못하면 자신의 생각을 남에게 전달하기 어렵다. 이러한 소통 장애는 예상 이상으로 삶의 여러 활동을 크게 제약한다는 사실을, 그리고 정확한 문장 작성은 장래 그 어떤 영역에서 일하든 누구나 갖추어야할 기본 능력이라는 사실을 다시 한 번 자각하기를 촉구한다.

이상의 문제점을 전제로 취업 전형에서 크게 주목되는 「자기소개서」에 나타난 각종 오류 문장들을 예문(例文)으로 삼아, 원인을 분석하고 대책을 제시하면서 정확한 문장 작성을 위해 참조해볼 주의사항과 규범을 점검하려 한다.

시제(時制)의 오류

시제는 발화시(發話時)를 기준으로 기술되는 사건시(事件時)의 과거 현재 미래를 나타내기에 사정에 따라 적합한 운용이 되도록 고려하여야 한다. 국어의 시제는 영어처럼 동사 자체의 변화로 규정되지 않고 서술어가 과거일 경우 선어말어미 '었'을, 미래일 경우 선어말어미 '겠' 등의 조력을 받기도 하며, 시간명사와 시간부사의 조력을 받아 특정시제를 나타내기도 한다. 이러한 기본 운용에서는 별반 오류가 발생하지 않았다.

1. 어릴 적부터 농촌에서 자라서인지 근면과 성실은 저의 생활의 근본이었습니다.

시제 운용에서 자주 발견되는 오류는, 과거 사실이라 할지라도 현재 상태에 지속될 경우 현재시제로 나타내야 한다는 원칙을 어기는 현상이다. 예문 1에서 '근면과 성실'을 '근본이었습니다'라고 과거시제로 표현하여, 과거에 국한(局限)되는 미덕으로 제한되어 있으며 현재는 그렇지 않고 다른 어떤 무엇으로 변경되었다는 뜻도 포함되어 있다. 근면과 성실이 과거의 미덕이라면 정확한 문장이다. 하지만 근면과 성실을 거론한 취지는 지난 날 성장 환경과 미덕을 회고하는 것이 아니라, 입사를 희망하는 현재의 생활 태도가 근면과 성실이며, 이 미덕의 유래가 과거 농촌생활 체험이었다는 것이다. 과거에 획득한 어떤 것이라도 현재에 연장되고 있다면, 서술어의 시제를 현재로 하여야 한다. '근본이었습니다'를 '근본입니다'로 고쳐야 한다.

2. 진취적이며 정열과 패기가 넘치는 젊음의 캠퍼스에서 배운 전문 지식을 바탕으로 저의 가능성과 능력을 최대한 발휘할 수 있는 곳에서 자유롭게 일하고 싶은 것이 평소 저의 소망이었습니다.

3. 이런 이유에서인지 몰라도 항상 화목을 강조하신 부모님의 1남1녀 중 장남으로 저는 태어났습니다.

예문 2와 3도 예문 1과 같은 문제점이 있는 오류이다. 예문 2의 '소망이었습니다'는 '소망입니다'로, 예문 3의 '강조하신'은 '강조하시는'으로 고쳐 현재화하여야 한다. 예문 3에서 만약 발화시 이전에 부모님이 돌아가셨다면 올바른 문장이다. 하지만 후술되는 내용에서 부모님이 생존하고 있다.

이와는 반대되는 오류도 있다. 과거 사건시의 상태가 현재 발화시에 연장되지 않아야 하는 데도 현재화하여 연장한 사례이다.

4. 때때로 안일해지는 제 모습을 발견할 때는 대학 입학 때의 결의를 되새기며 자신을 채찍질합니다.

5. '후회하지 말자'는 주관적인 가치관을 항상 되뇌며 순간순간마다 후회하지 않기 위해 노력하고 있습니다.

예문 4는 현재 시제가 적용된 '채찍질합니다'로 하여 '채찍질'이 취업을 요망하는 현재에까지 연장되어 어색해진 사례이다. '채찍질'이 지난 재학시절에 거듭되었던 면학 자세 정립에만 국한되도록, 즉 과거 사실로 제한되도록, '채찍질합니다'를 '채찍질하였습니다'로 고쳐야 한다.

예문 5도 예문 4와 문제점이 같다. '노력하고 있습니다'를 '노력하였습니다'로 고쳐야 하겠다.

주술(主述) 불일치와 무리한 주어 생략

문장 성분의 호응에서 주어와 서술어의 관계가 가장 비중도 크고 부각도 잘 된다. 그런데도 가장 잘 틀리기가 쉽다. 이른바 비문 3대오류 중 하나이다. 주어는 해당 문장의 주체를 표현하며, 서술어는 그 주체의 행위, 상태, 정체성을 표현한다. 따라서 주어와 서술어는 반드시 의미 상 호응관계를 이루어야 한다. 주체와, 그 행위 · 상태 · 정체성이 서로 다르다면 그 문장은 영락없이 비문이며 메시지는 난조에 빠진다.

나아가 주어를 생략하는 오류가 잦다. 아무리 서술어가 자기 정보를 잘 표현하였다고 하더라도 그 주체가 생략된다면 쓸모없는 불구의 정보가 된다. 다시 말해 주어는 서술어 정보의 주체이기에 어떤 문장에서도 결여되어서는 안 되는 필수 성분이다. 생략된다면 대체 이 행위가 누구의 행위인지, 이 상태가 누구의 상태인지, 이 정체성이 누구의 정체성인지 독자가 쉽게 알 수 없다. 그런데도 우리 문장에서는 주어가 생략되는 폐단이 적지 않다.

주어가 생략될 수도 있다. 논란이 있을 수 있겠으나 첫째, 앞 문장의 주어와 뒤 문장의 주어가 같다면, 뒤 문장의 주어는 생략될 수 있다. 생략되어도 문맥에 의거하여 생략된 주어를 독자가 상기할 수 있기 때문이다. 둘째, 접속복문에서 절들의 주어가 같다면 한 절에서만 주어를 설정하고 나머지 절에서는 생략이 가능하다. 이들은 모두 동일한 주어의 반복을 회피하는 합리적인 언어경제라고 할 수 있다. 셋째, 동일한 정황과 국면이라서 독자의 주어 상기가 가능하거나, 대화 문장에서 화자가 누군지 알려져 있거나 하면 주어 생략이 가능하다. 또 이러한 사정에 관련하여 주어뿐만 아니라 서술어 목적어 보어 등 다른 근간 성분마저 생략될 수가 있는데 정확한 문장쓰기와는 다른 차원에서 별도로 논의될 필요가 있다.

학습기에서는 생략 가능한 사정들을 고려하지 말고 반복되더라도 주어를 설정하는 것이 바람직하다. 비문이 되는 것보다는 낫다.

주어와 서술어가 일치하지 않으며 또 주어가 무리하게 생략된 오류가 한꺼번에 일어난 사례를 보자.

6. 그 동안에 교육과정도 많이 개편되어, 2학년은 실기위주로 편성되어서, 조금만 노력하면, 자기의 시간을 가질 수 있었습니다.

모두 4개 절로 이루어진 복문이다. 첫째 절 '그 동안에 교육과정도 많이 개편되어'는 무난하다. 주어는 '교육과정도'이며, 서술어는 '개편

되어'이다. 주어에서 '도'는 강조 조사이면서 주격 조사 '이'를 대행한다.

둘째 절 '2학년은 실기위주로 편성되어서'에서 주어 '2학년은'과 서술어 '편성되어서'는 서로 호응되지 않는다. 그 자체만 살피면 호응되고 있다고 할 수 있지만 서술어 '편성되어서'를 수식하는 그 앞 부사어 '실기위주로'를 더불어 고려하면, 주어 '2학년은'과 서술어구 '실기 위주로 편성되어서'는 서로 호응되지 않는 것이다. 즉, '2학년은' 실기 위주로 편성될 수 없다. 실기 위주로 편성될 수 있는 것은 '2학년의 교육과정'이다. 따라서 둘째 절은 비문이며, 주어 '2학년은'을 '2학년의 교육과정'으로 바꾸어야 한다. '2학년의 교육과정은 실기 위주로 편성되어서'. 이럴 경우, 앞 절의 메시지와도 잘 연결된다.

셋째 절 '조금만 노력하면'에서 서술어 '노력하면'에 호응해야 할 주어가 생략되어 있다. 생략이 가능하려면 '노력하면'의 주어가 앞 절의 주어와 같이 '2학년의 교육과정' 이어야 하는데, 그렇지 않다. '2학년의 교육과정' 이 노력할 수 없는 것이다. 따라서 어느 쪽으로 보든 비문이다. '조금만' 앞에 서술어 '노력하면'에 알맞은 주어 '2학년생은'을 삽입해야 주술호응이 이루어지는 정확한 절이 된다.

넷째 절 '자기의 시간을 가질 수 있었습니다'에서도 주어가 생략되어 있다. 미리 말해 이 절은 주어가 생략된 상태에서, 크게 목적어와 절서술어로 구성되어 있다. 먼저 '자기의 시간을'에서 '시간을'은 이 절의 목적어이고, '자기의'는 '시간을'을 수식하는 그 관형어이다. '가질 수 있었습니다'는 이 절의 절서술어이다. '수' 는 이 절서술어의 주어이며(주격 조사 '가'가 관행에 따라 생략되어 있다), '가질'은 '수'를 수식하는 그 관형어이다. '있었습니다'는 절서술어의 서술어이다. 다시 말해 넷째 절의 서술어는 절서술어 '가질 수 있었습니다'이며, 이와 호응하여야 할 그 주어가 생략되어 있는 상태인 것이다. 생략된 주어는 문맥으로 보아 '2학년생은'이다. 앞에서 검토한 대로 셋째 절에서 생략된 주어 '2학년생은'을 설정한다면, 넷째 절의 주어는 그것과 같기 때문에 생략이 가능하다.

생략된 주어와 서술어의 불일치

주어를 무리 없이 생략하였다고 하더라도, 생략된 주어가 서술어와 잘 호응하고 있는지 다시 점검해보아야 한다. 주어가 생략되어도 서술어와 호응하고 있어야 문장의 메시지가 정립되기 때문이다. 즉 주어는 없으면서도 있는 것이다. 주어를 생략하면 생략한 주어와 서술어의 호응 배려에 실패하기 쉽다.

7. 중학교 때에는 4-H부서였는데, 학교 내의 잡초 뽑는 일부터 시작해, 휴지 줍기·청소하기·화분 가꾸기 등의 활동을 하면서, 봉사심과 협동심·애교심을 배우게 되었습니다.

8. 제가 만약 귀사의 일원이 된다면, 성실을 최대의 무기로 여기며, 매사에 최선을 다할 각오입니다.

예문 7에서 네 절 모두 주어가 생략되어 있다. 생략된 주어는 그 메시지로 보아 모두 '저는'인데, 거듭 말해 이 문장 앞 문장의 주어가 '저는'이라면 그 생략이 모두 가능하고 그렇지 않다고 한다면 부당하게 주어를 생략한 비문이다.

예문 7에서 정작 문제되는 것은, 주어 생략이 가능하다고 하여도 서술어와의 호응 관계가 유지되어야 한다는 원칙을 어긴 것이다. 첫째 절에서, 생략된 주어 '저는'과 서술어 '4-H부서였는데'가 호응되지 않고 있다. 한 개인이 '4-H부서'가 될 수 없다. '4-H부서였는데'를 생략된 주어 '저는'에 어울리도록 '4-H부서의 회원이었는데'로 고쳐야 한다. 첫째 절에 주어 '저는'을 설정한다면 나머지 절들에서 주어를 생략해도 좋다. 참고로, '4-H부서의 회원이었는데'에서 '회원이었는데'가 생략된 주어 '저는'과 어울리는 서술어이며, '4-H부서의'는 '회원이었는데'의 '회원'을 수식하는 관형어이다.

예문 8에서 둘째 절 '성실을 최대의 무기로 여기며'에서 주어가 생략되어 있다. 생략된 주어는 '저는'이고, 첫째 절의 주어 '제가'와 같은 인물을 지칭하기에 가능한 생략이며, 서술어 '여기며'와의 호응에 문제없다. 셋째 절, '매사에 최선을 다할 각오입니다'는 비문이다. 이 절에서 생략된 주어는 '저는'인데 서술어 '각오입니다'와 호응되지 않는다. 각오는 정신의 각성 상태로, 한 인격 전체와 대등할 수 없다. 따라서 생략된 주어 '저는'에 어울리도록, '각오입니다'를 '(각오를) 가지겠습니다'로 고치거나, ' 다 하겠습니다'로 고쳐야 한다.

9. 젊은 기업이라는 귀사의 사훈은 평소에도 제가 원하는 기업인의 상이었습니다.

앞 예문들에서 주어가 단일 낱말로 간단하였고 또 인칭이어서 식별하기가 어렵지 않았다. 하지만 구와 절 등으로 된 관형어의 수식을 받는 주어가 많고 이런 사정에서도 주술불일치 문장이 속출하고 있다. 예문 9의 경우는 그래도 수식이 길지 않은 편이다.

이 문장에서 주어는 '사훈은'이다. 그 앞 '젊은 기업이라는 귀사의'는 그 수식들인데, '젊은 기업이라는'과 '귀사의'로 나뉜다. '젊은 기업이라는'은 동사구 인용 관형어이며, '귀사의'는 이와 별도인 관형어이다. 이 수식어들은 이 문장의 주어가 '사훈은'이라는 사실을 쉽게 파악하기 어렵게 한다. 이 문장에서 서술어는 '상(像)이었습니다'인데, 이 서술어도 그 앞에 수식들이 있다. '평소에도 제가 원하는 기업인의'인데, '평소에도 제가 원하는'과 '기업인의'로 나뉘며, 전자는 원래 문면이 문장이며 서술어 '원한다'의 종지형 어미 '다'가 관형격 어미 '는'으로 바뀌어 삽입된 절 관형어로 '기업인의'의 '기업인'을 수식하고 있다. '기업인'은 다시 관형격 조사 '의'를 부착하여 관형어가 되어 이 문장의 서술어 '상(像)이었습니다'의 '상'을 수식하고 있다. 이러한 수식구조에도 기인하여서인지, 이 문장의 주어 '사훈은'과 서술어 '상이었습니다'가 호응되지 않고 있다. '… 사훈은 … 상(像)이었습니다'? 따라서 '(기업인의) 상이었습니다'를 '사훈'에 어울리게 '기업정신이었습니다'로 바꿔야 한다. '… 사훈은 … 기업정신이었습니다.' 또는 주어 '사훈은'을 '면모는'으로 바꾸고, '(기업인의) 상이었습니다'를 '기업상(企業像)이었습니다'로 바꾸어야 한다.

수식어와 피수식어의 관계 오류

수식어의 잘못된 위치

수식어를 피수식어 바로 앞에 설정해야 수식 피수식의 관계가 명료해진다. 그렇게 하지 않을 경우 의도대로 되지 않을 뿐더러 엉뚱한 오독(誤讀)이 발생한다.

> 10. 또한 처음으로 집을 떠나 기숙사 생활을 함으로 해서 가족의 소중함과 성인으로서의 독립심을 깨우칠 수 있었습니다.

'처음으로'가 그 위치 때문에 '(집을) 떠나'를 수식하는 것으로 읽힌다. 하지만 대학생 시절에서야 처음으로 집을 떠났다는 것은 아무래도 어색하다. '처음으로'가 수식하는 부분은 '(집을) 떠나'가 아니라, '기숙사 생활을 함으로 해서'이다. '처음으로'의 위치를 잘 못 설정한 것이다.

따라서 '처음으로'를 '기숙사 생활을 함으로 해서' 바로 앞으로 옮겨야 바른 설정이 되며, 필자가 의도한 수식 피수식의 관계가 분명해진다. 이처럼 수식어를 피수식어 바로 앞에 두는 것이 정문(正文)쓰기의 한 규범이다. 그런데도 우리 주변에서 파격이 너무 잦게 나타나고 있다.

수식어와 피수식어의 불일치

수식어와 피수식어는 위치 문제뿐만 아니라 의미론 상 정확하게 호응하여야 한다. 다음 예문은 부사어를 안이하게 개재(介在)시켰다가 급기야 의미의 혼란과 모호를 야기한 문장이다.

> 11. 평소 부모님과 선생님들의 사랑만 받아온 제가 이제는 그 큰 사랑을 다시금 누구에겐가 주어야 한다고 막연히 생각합니다.

받기만 해온 사랑을 이제는 남에게 주어야겠다는 필자의 각성(覺醒)이 뚜렷한데, 그 각성의 생각을 '막연히'로 수식하고 있어, 생각의 상태에 혼란이 발생하고 있다. 분명하게 생각하면서도 막연하게 생각한다고 하는 건 모순이다.

또, '다시금'이 '주어야 한다'를 수식하고 있는데, 그렇다면 이미 벌써 한 차례 사랑을 베푼 것을 전제로 재차(再次) 시도한다는 뜻이 되어, 앞 '이제는'에서 최초로 표명된 사랑 베풀기의 각성과 충돌한다. '막연히'와 '다시금'을 피수식어와 어울리는 낱말로 바꾸든가 아니면 삭제하여야 정연(整然)한 뜻의 문장이 된다.

12. 소프트웨어 개발업체 중에서 최고의 권위를 누리고 있는 귀사에서 일하게 된다면 저는 회사의 발전에 일익을 담당할 수 있는 주역이 되도록 매사에 최선을 다할 것입니다.

피수식어 '주역'은 그 수식어 '일익을 담당할 수 있는'과 어울리지 않는다. 주역(主役)은 전체를 총괄하는 주도자이고, 일익(一翼) 담당은 그 한 분야에의 기여이다. 양자의 범위와 성격이 맞지 않는 오류가 발생한 것이다. '주역'을 '일꾼' 같은 낱말로 바꾸거나, '일익을 담당할 수 있는 주역이 되도록'에서 '주역'을 빼면서 '일익을 담당할 수 있도록'으로 바꾸어야 하겠다.

동격(同格)의 불일치

문장 내부에서 필자의 의도로 보아 상호 대등한 의미를 갖는 부분들이 있다. 그렇다면 당연히 의도대로 부분들은 그 의미가 반드시 일치하여야 한다. 즉 동격 표현은 문장의 앞부분에서 제시한 사태나 사물을 뒤에서 그 다른 면모나 이름을 부가하거나 규정하여, 문장의 구조와 의미를 충실히 정립하는 일종의 재귀(再歸) 보충 수법이다. 이 경우 틀린 부가나 규정이 시도되어 마찰이 발생하지 않는지를 주의해야 한다.

13. "매일 오늘이 너의 최초의 날이라고 생각하라 매일 오늘이 너의 최후의 날이라고 생각하라"는 탈무드의 일 구절을 저는 매일 아침 되새기며 하루를 시작합니다.

‘일 구절’을 ‘두 문장’으로 고쳐야 한다. 인용된 탈무드의 잠언은 일 구절이 아니라 두 문장이 아닌가. 두 문장을 일 구절이라 한, 이러한 단순하면서도 심각한 실수는 의외로 잦게 발생한다. 지원자는 억울하겠지만 인사담당자는 필자의 기본 교양을 의심할 것이다. 아래 예문들도 같은 사례이다.

> 14. 지난 일을 “후회하지 말자”는 주관적 가치관을 항상 되내며 순간 순간 마다 후회하지 않기 위해 노력하고 있습니다.

예문 14에서는 ‘주관적 가치관’의 ‘주관적’이 문제다. “후회하지 말자”라는 가치관은 널리 알려져 있고 또 객관성이 인정되는 가치관이니만큼, 이에 상응되는 낱말로 고치거나 삭제하여야 한다. 인사담당자는 지원자가 ‘주관적’이란 낱말의 뜻을 모른다고 판단할 것인데, 이 판단이 여기서만 끝나면 다행이겠다.

특정 낱말의 관용 표현 이탈

어느 언어에도 특정 낱말들끼리 일정하게 어울리는 관용(慣用) 표현이 있다. 이는 언어 공동체가 오랜 세월에 걸쳐 형성한 관례요 규약이다. 따라서 그것들을 준수하지 않으면 일종의 약속 위반이 되어 표현과 전달체계에서 이탈된다. 관용 표현은 해당 언어문화의 소중한 일부이기도 하다.

15. 일찍이 저희 가정은 가내 수공업 형태의 공장을 운영해왔습니다.

'일찍이'는 '~한 적이 있었습니다'와 더불어 쓰이면서 현재 상태와는 구별되는 과거의 사실을 환기하거나 지시한다. 그런데 예문 15는 '일찍이'를 내세웠으면서도 '(공장을) 운영해왔습니다'라고 하여, 공장 운영 사실이 과거에 국한되지 않고 현재에까지 연장된 비문이 되었다. '운영해왔습니다'를 '운영한 적이 있었습니다'로 고쳐야 하겠다. 만약 현재에도 공장을 운영하고 있다는 점을 기술하려는 의도로 쓴 문장이라 한다면, '일찍이'를 '일찍부터'로 고치거나 삭제하여야 옳은 문장이 된다.

16. 중학교를 졸업한 이후 저는 평소 공장을 운영하던 가정환경에 의해 기계와 비교적 친숙해 있던 탓으로 ○○기계공업고등학교에 입학하게 되었습니다.

'탓'은 부정적인 결과를 야기하는 원인이나 이유에 해당되는 선행(先行) 사실에만 쓰인다. 여기서는 기계공업고등학교 입학이라는 결과는 부정적인 사태가 아니라 바람직스러운 귀결(歸結)이니만큼 '탓'이 잘못 쓰였다. '친숙해 있던 탓으로'를 '친숙해 있었기에'나 '친숙해 있었기 때문에', 혹은 '친숙해져 있어서' 등으로 고쳐야 한다.

17. 남들보다 2년 늦게 시작한 대학생활이었지만 빠르게 적응할 수 있었으며 열심히 노력하여 장학생으로 생활하였습니다.

'~할 수 있(었, 을 것이)다'는 그 앞에 그 가능의 근거가 제시되어서로 호응되어야 바른 용례가 된다. 예문 17은 그 위약(違約)의 사례이다. '대학생활이었지만' 뒤에 '분발을 거듭하여'나 '기민하게 활동하여' 등, 대학생활에 빠르게 적응할 수 있었던 근거를 삽입하여야 한다.

조사(助辭)의 오류

조사는 문장 성분의 문법상 성격과 기능을 밝혀주면서 의미 구축과 원활한 정합에 기여한다. 그러기에 오용된다면 통사구조가 교란되어 여지없이 비문이 된다. 널리 알려진 악명 높은 사례가 있다. 모 TV방송국의 시사프로그램의 이름인 '「그것이 알고 싶다」'가 그것이다. 주어 '우리는'이 생략된 이 문장에서 '그것'은 '알고 싶다'의 목적어이므로 목적격 조사 '을'을 써야지 주격조사 '이'를 쓸 수 없다. 바른 문장은 '「(우리는) 그것을 알고 싶다」'이다.

또 가장 기초사항인데도 오용이 잦아 크게 우려되는 현상이 있으니 바로 '의'와 '에'를 혼용하는 사례이다. 예문 13에서도 '탈무드의'가 원문에서는 '~탈무드에'로 되어 있었다. 예문 12로 돌아가 '탈무드의'를 '탈무드에'로 바꿔놓고 읽어본 다음, 문제점을 음미해보기 바란다. 그리고 거의 동일한 차원에서 주의하여야 할 조사의 남용 현상이 있다. 조사 운용은 문법 질서의 핵심이다. 완벽한 구사가 조건 없이 요구된다.

조사 오용

> 18. 고등학교 3학년 시절에는 ○○주화라는 기업체에서 현장실습을 나갔습니다.

예문 18에서 문제되는 오류는 '기업체에서'의 '에서'이다. '에서' 때문에 문장의 의미가 이상하게 되어 버렸다. ○○주화에서 다른 어떤 곳으로 현장실습을 나갔다는 뜻이 되어버린 것이다. 지원자의 의도는 학교에서 ○○주화로 현장실습을 나갔다는 사실을 적시(摘示)하려 했던 것이 분명하다. 따라서 '에서'를 '로'나 '에'로 고쳐야 한다. '에서'를 그대로 두고 싶다면 '(현장실습을) 나갔습니다'를 '(현장실습을) 하였습니다'로 고쳐야 할 것이다. 참고로 '에서'는 장소뿐만 아니라 그곳에서 이루어진 행위까지 지배범위에 넣으며 또 호응되어야 자연스럽다. 이에 비해 '에'는 단지 그 장소를 환기한다.

> 19. 진학 결심은 몇 년간의 피부로 느낀 사회생활에서 시작되었고, 뒤늦게나마 대학에 입학하는 새 출발의 기쁨도 가질 수 있었습니다.

조사 '도'는 특정 사물이나 사실을 강조하거나, 대등한 사물이나 사실을 열거할 때 쓰인다. 이 문장의 '기쁨도'에서 조사 '도'가 전자의 취지에서 사용되었다면 용도 오류라고 할 수 없으나, 후자라면 잘못 사용된 사례이며 그렇게 추정된다. '기쁨도' 앞뒤에 '보람도' 등을 삽입하거나, 아니면 '기쁨도'의 '도'를 '을'로 고치면 좋겠다.

20. 근면과 성실을 가훈으로 화목한 집안의 1남2녀 중 장녀로 태어나, 수려한 칠갑산의 맑은 공기와 인정이 넘치는 충남 청양에서 꿈 많은 유년 시절을 보냈습니다.

'근면과 성실을 가훈으로'가 '태어나'를 수식하고 있어 비문이다. '근면과 성실'이 가훈에 연결되면서 '집안'을 수식하는 말의 일부여야 맥락이 소통될 문장이다. 현재 문면으로는 조사 '을' '으로' 때문에 가능하지 않다. '근면과 성실을'에서 '을'을 '이'로 바꾸고, '가훈으로'에서 '으로'를 '인'으로 바꾸어야 한다. 즉 '근면과 성실이 가훈인 화목한 집안'으로 고쳐져야 한다.

'근면과 성실을 가훈으로'를 그대로 살리면서도 '집안'을 수식할 수 있게 하려면, 그 뒤에 수식격 서술어 '하는'을 보충하면 된다. 주어 '저는'이 두 절에서 모두 생략되어 있다.

조사 남용(濫用)

21. 농악, 풍물의 남사당놀이로 유명하고, 포도, 배, 유기 등의 특산물이 많이 생산되는 안성맞춤의 고장에서 저는 항상 예의범절을 강조하시는 할머님과 엄격하고 자상하신 부모님 슬하에서 1남3녀 중 둘째로 태어나 현재까지 생활하고 있습니다.

22. 참 아이러니컬하게도 우리나라 최초의 여자 대통령이 되겠다던 당차고 극성이던 저의 지금의 꿈은 현모양처입니다.

조사 남용 가운데 가장 두드러지는 사례가 '의' 남발(濫發) 현상이다. 20세기 전반은 일본어의 'の'로부터, 후반은 영어의 'of'로부터 영향을 받아, 그 용법이 다양해진 듯하다. '의'는 그 용례와 기능이 크게 나누어도 12가지나 된다. 국어의 표현방식을 넓힌 순기능이 인정되지만 역기능 또한 만만치 않다. 역기능 쪽으로 '나의 살던 고향은 꽃 피는 산골이다', '학생의 할 일이다', '새날의 밝을 때를 기다려 일을 시작하자' 등 사례가 있는데, 일본어문의 직역 문장이며, 우리 국어 언중이 현재 이런 양태의 문장을 말하고 쓰고 있고, 국어사전에 오류 사례로도 실려 있다. 이 문장들을 비문이라고 단정할 수 없지만 우리 문법에 없는 아주 어색한 악문(惡文)이다. '나의', '학생의', '새날의'를, '내가', '학생이', '새날이'로 고쳐야 우리 문장다워진다.

예문 21과 22의 '의' 용법들은 모두 문법에 어긋나지 않으며 위 사례와는 사정이 다르다. 하지만 '의' 남발 사례로 주목할 만하다. 두 문장에서 각각 '의'가 3차례나 사용되고 있는데, 오직 1차례씩만 인정될 뿐이다. 예문 21에서는 '안성맞춤의'의 '의', 예문 22에서는 '저의'의 '의'는 적합한 용례들이다. 나머지들은 모두 필요 없다. 오히려 의미의 소통을 경화(硬化)하고 있다. 그것들에서 '의'를 삭제해보라. 문장의 의미가 순통하며 우리 문장다워진다.

접속(接續)의 오류

접속부사는 문장들의 의미 맥락을 연결하는 기능을 가진 낱말이다. '그리고', '그리하여', '그런데', '그러나', '그렇기에', '따라서', '하지만', '또', '역시' 등이 있는데, 접속되는 문장들의 의미 맥락의 상호 관계가 순접(順接)이냐 역접(逆接)이냐에 따라, 또 같은 순접이나 역접이라 하더라도 개개의 미묘한 기능의 편차에 따라, 적절히 선택하여야 한다. 잘못 선택하면 의미 맥락을 교란하여 비문이 되거나 어색한 문장이 된다. 또 문장의 의미 맥락이 접속 관계를 스스로 잘 함축하고 있는데도 굳이 사용하면 쓸데없는 사족이 된다.

23. 평소 부모님과 선생님들의 사랑만 받아온 제가 이제는 그 큰사랑을 누구에겐가 주어야 한다고 생각합니다. 그리고는 평소 사회봉사에 남달리 앞장 선 귀 병원에 주저없이 지원서를 제출하게 되었습니다.

두 문장을 이어줄 접속부사가 필요한지 아닌지 의견이 나뉠 수 있겠지만, '그리고는'이 잘못 선택되었거나 적어도 어색하다는 데는 의견이 일치할 것이다. 앞 문장과 뒤 문장의 메시지는 동기와 행위의 관계이며 서로 비중도 다른데도, '그리고는'을 설정하여 두 문장의 메시지가 대등한 관계로 병렬(竝列)되어 문맥이 생경해지고 만 것이다. '그리고는'을 '그리하여'나 '그래서'로 고쳐야 한다.

지속(持續)의 오류

지속의 오류는 접속조사 '와', '과' 등이 사용되는 문면에서 자주 발생한다. 조금만 주의를 소홀히 하여도, 접속조사로 연결된 관념이나 사물의 성격이나 상태가 다른 경우에도 한 쪽에만 지속이 해당되는 서술이 이루어지기 쉽다.

예문 22의 원문 앞머리를 검토과정에서 고친 부분을 빼고 본래대로 되돌려 놓으면, '농악, 풍물, 남사당놀이와 포도, 배, 유기 등 특산물이 많이 생산되는 안성맞춤의 고장'이다. 이럴 경우 '농악, 풍물 남사당놀이'는 '와'로 해서 뒤의 '포도, 배, 유기 등 특산물'과 더불어 '생산되는'에 지속된다. '포도, 배, 유기 등 특산물'은 생산되지만 '농악, 풍물 남사당놀이'는 생산이 아니라 재연(再演)되기에 비문이다. '생산되는'에 '농악, 풍물 남사당놀이'가 지속되지 않도록 '농악, 풍물 남사당놀이와'에서 접속조사 '와'를 없애고, '로 유명하고' 등, 부사격 조사와 접속어미 서술어로 바꾸면 독립된 절이 되어, 뒤의 '포도, 배, 유기 등 특산물이 많이 생산되는'과의 지속이 해체된다. '농악, 풍물, 남사당놀이로 유명하고, 포도, 배, 유기 등 특산물이 많이 생산되는 안성맞춤의 고장.'

24. 저의 입사 지원 동기는 귀사가 세계적인 기업으로 만들려는 기업정신과 첨단산업의 기수이며 역군이라는 데 있습니다.

'저의'는 관형어, 주어는 '입사 지원 동기는', 서술어는 '있습니다'이며 문제없고, 그 가운데 있는 '귀사가 세계적인 기업으로 만들려는 기업정신과 첨단산업의 기수이며 역군이라는 데'라는 부사어의 구조에 오류가 발생하였다.

'기업정신'과 '첨단산업'은 접속조사 '과'로 대등하게 연결된 다음 둘 다 관형격 조사 '의'의 도움을 받아 '기수'와 '역군'에 미치고 있다. 즉 '기업정신의 기수이며 역군'과 '첨단산업의 기수이며 역군'을 하나로 묶어 '기업정신과 첨단산업의 기수이며 역군'이라 한 것이다. 그러나 '첨단산업의 기수이며 역군'은 그 의미가 성립되지만, '기업정신의 기수이며 역군'은 그 의미가 성립하기 어렵다. 게다가 '기업정신'은 바로 앞에 있는 '세계적인 기업으로 만들려는'이란 수식을 받으면서 나름대로 그 일단락되어 있다. '과'는 이런 오류를 발생시킬 뿐만 아니라 '세계적인 기업으로 만들려는'이란 수식이 '기업정신'뿐만 아니라 '첨단산업'까지 수식하게 하여 수용하기 어려운 어색한 뜻을 자아내는 오류도 발생하게 한다.

예문 24가 바른 문장이 되려면 그러한 억지 지속이 해체되어야 한다. '과'를 삭제하고 그 자리에 '을 가졌으며'나 '을 가진'을 보충해 보자.

피동 표현의 오류

피동 표현은 거리 조정의 일부이다. 거리 조정에는 필자와 글, 필자와 독자, 글과 독자 세 영역이 있으나, 여기서는 필자와 글의 관계, 다시 말해 필자가 체험을 진술할 때 조정해야 할 체험과의 거리만을 다룬다. 서술자 자신이 화자인 「자기소개서」는 진술 대상이 자신의 의지로 직접 행위한 것이라면 자신과의 거리를 좁혀야 하고, 즉 능동표현을 하여야 하고, 타인의 의지와 배려가 작용한 행위라면 자신과의 거리를 넓혀야 하는 것이 원칙이다.

다음 예문들은 모두 필자의 의지가 개입된 자기 행위의 진술인데도 피동으로 표현하며 어색해지거나 비문이 된 사례들이다.

25. 그러나 더 배우고 싶다는 열망으로 대학 진학을 결심하게 되었고 제가 평소 흥미를 가지고 있던 관광중국어과를 선택하게 되었습니다.

26. 항상 최고를 지향하고 세계 일류를 향해 뛰는 기업 정신과 목표를 보고 저도 그 일원으로 참가하고픈 열망으로 지원서를 내게 되었습니다.

27. '최선을 다하면 후회가 없을 것이다'라는 믿음으로 노력한 결과 저는 청룡과학대학 컴퓨터응용과에 입학할 수 있었습니다.

28. 엄하시고 연세가 많으신 아버님과 어머님 그리고 각자 개성이 너무나도 뚜렷한 4녀1남이라는 적지 않은 남매들 속에서 채워지지 않는 무언가에 목말랐습니다.

예문 25에서 필자는 대학 진학과 전공 학과를 자신의 의지로 선택하였으면서도 '결심하게 되었고', '선택하게 되었다'고 진술하였다. '되었다'는 자신의 의지가 아니라 타율에 따른 피동 표현이다. 자율성 표현인 '선택하였습니다'로 고쳐야 한다.

예문 26도 마찬가지이다. 자신의 열망으로 지원서를 내면서도, 다른 어떤 힘의 작용으로 지원서를 내게 되는 것처럼 피동으로 표현하였다. '내게 되었습니다'를 '냅니다'로 고쳐야 한다.

예문 27에서는 자신의 소신(所信)을 소개하면서도 자신과 소신의 거리를 넓혀 미묘한 틈이 발생하는 등 어색하다. 이는 잘못 상투화된 합성 조사 '라는'을 고려 없이 사용했기 때문이다. '라는'을 '는'으로 고치든가 아니면, ', 이'로 고쳐야 한다.

예문 28에서도 '4녀1남이라는'의 '이라는'을 '의'로 고쳐야 한다. 오늘 대학생의 문장에서 '(이)라는'의 남용이 무척 심한 형편이다. '(이)

라는'은 진술자와 진술대상 사이에 일정한 거리가 필요할 때만 사용하여야 한다.

위와는 달리 지원자가 자신의 행위를 포함하여 정황을 피동으로 표현하여야 하는 경우도 물론 있다.

29. 저의 스물 두 살의 열정과 사랑을 귀 병원에서 아낌없이 발휘할 수 있기를 소망합니다.

병원 측에서 필자의 소망을 들어줘야 지원자가 자신의 열정과 사랑을 병원에서 발휘할 수 있게 되기에 필자의 자유의지만으로는 소망이 실현되기 어렵다. 하지만 예문 29에서는 '(귀 병원에서) 발휘할 수 있기를'이라고 자신의 의지를 내세워 어색해졌다. 즉 거리 조정에 실패하고 있다. 겸손한 자세도 함축되어 있는 '발휘할 수 있게 되기를'로 고쳐야 한다. 이러한 피동 표현에서 독자는 필자의 상황 감각이 정확하다고 평가할 수도 있을 것이다.

낱말 선정(選定)의 오류

독서와 글쓰기 회피에서 기인한 어휘력 부족 때문이겠지만 문장에서 틀린 낱말이 많다. 아무리 주제가 훌륭하고 문장구조가 탄탄하다 하더라도 용어 하나 잘못 사용하면 사상누각(砂上樓閣)이 된다. 옥의 티 정도가 아니다. 독자에게 깊은 불신을 주게 된다. 「자기소개서」나 중요한 계약 문서를 작성하면서 이런 실수를 하면 야기되는 피해와 파장이 너무 크다.

30. 대학에서의 강의와 실습을 통해 부족했던 저의 전문 지식과 기술을 다시금 갈고 닦을 수 있었습니다.

31. 초등학교 때는 늘 골목대장이었으며 중고등학교 시절에는 학생간부를 맡아 저의 직책에 최선을 다하기도 하였습니다.

32. 대학시절에는 곧잘 모임의 사회도 보았고 동아리 회장을 역임하면서 책임감과 리더십을 기를 수 있었습니다.

33. 학과 공부 틈틈이 동아리 활동을 통해 사람들과 친숙하게 지낼 수 있었습니다.

예문 30에서는 '강의'가 틀린 낱말이다. '강의(講義)'는 학생의 행위가 아니라 교수의 행위이다. 지원자는 재학시절 학생으로서 교수의 강의를 수강하였다. 마땅히 '수강(受講)'으로 고쳐야 한다.

예문 31에서는 '학생간부'가 틀린 낱말이다. '학생간부'라면 직원간부 교원간부 학부모간부 등 다른 신분의 간부뿐만 아니라 이 모두가 망라된 조직을 전제로 한다. 하지만 지원자의 의도는 중고등학교 시절에 학생회 조직에서 간부로 활동했다는 사실을 적시하려는 데 있다. 따라서 '학생회의 간부'로 고쳐야 한다.

예문 32에서는 '회장'을 '회장직'으로, '역임하면서'를 '맡아서' 등으로 고쳐야 한다. 회장은 회장직을 맡은 인격을 포함하고 있기에 단순한 직명이 아니다. '역임(歷任)'은 한 사람의 과거 여러 이력을 열거하면서 둘 이상 복수의 이러저러한 직임을 거쳐 왔다고 진술할 때 쓰이는 낱말이다. 따라서 열거되는 둘 이상의 직임이 없기에 삼가는 게 좋다.

예문 33에서는 '사람'이 어색한 낱말이다. 동아리 활동이 전제되어 있으므로 '회원' 등과 같은 낱말로 고쳐야 하겠다.

지시(指示) 모호의 오류

지시 모호의 오류에는 막연한 서술, 무리한 생략 등이 있다. 「자기소개서」와 같은 실용문에서는 이러한 것들을 모두 경계하여야 한다. 문예문에서는 독자가 문장을 파악해야 할 의무를 스스로 지웠기에 분석 유추 비교 종합 등은 독자가 문장을 읽을 때에 마땅히 수행하여야 할 노력이며, 그런 노력을 바람직하게 유발하는 문장이야말로 좋은 문장이라 하겠다. 하지만 실용문은 정확한 정보 전달이 목적이기에 인사 담당자에게 말뜻 그대로 전달되는 문장을 써야 한다.

막연한 서술

구체적으로 지시하거나 환기하여야 할 사실을 막연히 진술하면 독자의 독해에 부담을 준다. 또 독자가 오해할 여지가 많으며 이 경우

곡해(曲解)의 책임은 필자에게 있다.

34. 아버님과 함께 등산과 낚시를 다니면서, 여가선용과 인내심을 익히게 되었고, 무엇보다 아버님과의 진솔한 대화를 통해 어떠한 것이 바른 삶인가 하는 점에 대해 나름대로 인식할 수 있는 계기를 마련할 수 있었습니다.

35. 저는 도시적인 세련미를 갖추지 못했습니다만 그러나 좀 더 적극적이고 능동적이며 창조적인 것을 실천하려 노력하는 여성입니다.

예문 34에서 셋째 절은 그 뜻이 모호하다. 독자는 아버님과의 진솔한 대화가 어떤 내용인지 알 수 없고, 또 그로 하여 인식하게 된 바른 삶이 어떤 것인 지도 알 수 없다. 그야말로 실체 없는 오리무중(五里霧中)이다. 구체화하지 못 한다면 삭제하는 편이 나을 것이다.

예문 35에서는 '좀 더 적극적이고 능동적이며 창조적인 것'이 문제이다. 그것이 대체 무엇인지 그 정체를 간략하게나마 보완해야 한다.

무리한 생략

필요한 의미 성분을 무리하게 생략하여 의미의 빠르고 정확한 전달에 지장을 주는 폐해도 경계하여야 한다. 아래 문장은 무리한 생략의 사례에서 결합의 정도가 미약한 것이다.

36. 상고를 졸업하고 첫발을 딛게 되어 전자부품 회사 제일산업에 근무하면서 평소 배우고자 했던 바람을 조금씩 실현해갔습니다.

'상고를 졸업하고' 다음에, 국면을 달리하면서 '첫발을 딛게 되어'라고만 하였다. '첫발을 딛게 되어'는 그 앞에 첫발을 딛은 공간이 제시되어 있어야 하는데도 생략되어 어색해진 문장이다. 인사담당자가 조금만 유추하면 '사회에'를 보충하여 그 공간이 무엇인지 이해할 수 있지만, 이는 무리한 생략에서 기인하는 쓸모없는 독해의 낭비이다.

중의문(重義文)

명칭대로 중의문은 아무리 정독하여도, 아니 정독할수록 두 가지로 문장의 의미가 해석되는 문장이다.

문학작품, 특히 시의 경우 문장의 중의는 시인의 무능과 부주의의 산물이 아니라 대부분 시인이 언어 구사에 노력해서 얻은 성취에 해당된다. 하나를 말해 두 가지 이상의 뜻을 나타내려는 성향은 시가 언어 예술로서 언어경제와 미학 양면에서 마땅히 지향하여야 할 덕목이다.

그러나 일반 산문과 중의의 관계는 시와 상반된다. 일반 산문이 추구하는 기능은 지시기능으로, 관념이나 사물을 명확히 지적하여 여지없이 하나의 의미만을 환기하는 데 기여한다. 일반 산문 문장에서 발생한 중의는 글 쓴 이가 시도한 바도 아니며, 글 쓰는 이가 시도해서도 안 된다. 다시 말해 불찰의 소산이다. 따라서 중의문을 비문 성격의 악문으로 취급하면서 그 양상과 해결 방안을 모색해보자.

37. 그 책은 대중매체와 같이 선정적이지 않고 매우 진지하였습니다.

접속 조사 '와'와 부사 '같이'로 해서 중의가 발생한 문장이다. 대중매체가 선정적일 수도 있고, 선정적이지 않을 수도 있다. 전자라면 '같이'를 '달리'로 바꾸고, 후자라면 '와 같이'를 '처럼'으로 바꾸면 각각 그 뜻이 정리된다.

38. 인내심 많은 저의 학우가 그 일을 했습니다.

수식 피수식의 관계가 모호해서 중의가 발생한 문장이다. 인내심 많은 사람이 한 사람임은 분명하지만 지원자일 수도 있고 지원자의 학우일 수도 있다. 지원자가 착하다면 '저의'의 다음에 ' , '를 넣고, 지원자의 학우가 착하다면 '인내심 많은 저의 학우가'를 '저의 인내심 많은 친구가'로 어순을 바꿔야 한다.

39. 저는 아르바이트를 그만 두고 일주일에 두 번 아기를 보러 갔습니다.

다의어 '보러' 때문에 중의가 발생한 문장이다. 지원자가 아기를 단순히 만나기 위해 갔을 수도 있고, 아기를 보살피기 위해 갔을 수도 있다. 전자라면 '보러'를 '구경하러'로 고치거나, 후자라면 '보러'를 '돌보러'로 고쳐야 한다.

40. 그 봉사활동에서 잊지 못 할 기억은 시민단체의 회원들이 그 국회의원의 식사 도중에 달걀을 던졌다는 것입니다.

동음이의어 '식사' 때문에 중의가 발생한 문장이다. '식사'가 '式辭'

일 수도 있고, '食事'일 수도 있다. 한글전용론이 우리 언어현실에 드리운 후유증의 하나이다. 이런 중의문이 많다. 의사소통의 경제에 크게 불리하다. 해당 한자를 병기하면 해결된다.

41. 저는 친구와 현장을 자주 찾아 다녔습니다.

접속 조사 '와'의 연결 관계가 모호해서 중의가 발생한 문장이다. 친구와 현장을 지원자가 찾아 다녔을 수도 있고, 지원자와 친구가 현장을 찾아 다녔을 수도 있다. 전자라면 '저는' 다음에 ' , '를 넣거나, '저는'을 '친구와 현장을' 다음으로 옮기면 해결된다. 후자라면 '저는 친구와' 다음에 '함께'나 ' , '를 삽입하거나, '저는'을 '친구와' 다음으로 옮기면 해결된다.

지배의미 희석(稀釋)의 오류

끝으로 의도한 지배의미를 제대로 부각시키지 못해 서술 목적과 문장이 어긋나 소기의 효과를 달성하지 못한 사례를 검토하고자 한다.

42. 또한 이런 성격 때문에 고교 시절 레크리에이션 지도자 교실에서 연수를 받기도 하였습니다.

예문 42의 서술 목적은, 고교 시절에 레크리에이션 지도자 연수를 받았다는 사실을 알리는데 있다. 그런데 '레크리에이션 지도자'와 '연수를 받기도' 사이에 '교실에서'가 개재되어, 레크리에이션 지도자 연수보다도, 교실에서 연수를 받았다는 사실이 부각되고 말았다. 다시 말해 부각시킬 필요도 없는 연수를 받은 장소가 의외에도 부각되고, 정작 부각되어야 할 지배의미 레크리에이션 지도자 연수가 희석되어버린 것이다. '교실에서'를 삭제하여야 한다. '교실'을 연수받은 장소로 보지 않고, '레크리에이션 지도자'에 붙여 '레크리에이션 지도자 교실'로 묶어 레크리에이션 지도자를 육성하는 프로그램의 이름으로 볼 수도 있다. 즉 문장 구성과 용어 선택에는 문제가 없고 그저 적절한 문장부호를 사용하지 않아서 다소 혼란이 발생했다고 보는 것이다.(그렇다면 이 기회에 새삼스럽지만 문장부호의 적절한 사용이 얼마나 중요한 지를 실감하기 바란다.) 그런데, 그렇게 볼 수가 없다. 행위가 이루어지고 있는 장소를 나타내는 조사 '에서'가 사용되었기 때문이다. 즉 예문 42에서 '교실'은 연수가 이루어진 장소가 분명한 것이다. 문장을 쓰고 나서 의도대로 지배의미가 잘 전경화(前景化)되었는지를 늘 검토해보고 바라는 대로 되지 않았다면 방해요소를 삭제하거나 이동시켜야 한다.

자신의 비문을 스스로 수정할 수 있어야 한다

우리가 이제까지 정확한 문장을 쓰기 위해 검토해온 문장 오류의 사례 확인과 원인 분석 및 대책의 모색은 모든 글쓰기의 기초를 마련하려는 노력이다. 어떠한 장르의 글을 쓰든 정확한 문장으로 정연한 메시지를 구축하여야 의도한 취지를 제대로 구현할 수 있다는 사실을 다시 한 번 인식하였으면 한다.

다시 말해 위에서 다룬 9개 오류 유형과 42개 예문들은 여러분의 선배가 쓴 「자기소개서」에서 발견된 것들이다. 여러분들이 쓰는 문장에서도 얼마든지 같은 오류가 발생할 수 있다는 개연성을 인정하며 두세 차례 추가 검토가 있기를 요망한다. 그리하여, 자신이 쓴 문장들에서 여러 오류를 식별하고 나아가 스스로 수정할 수 있는 역량을 갖추게 되기를 바라마지 않는다.

편집 위원

김승종 : 문학박사(중앙대)/시인/시집 『머리가 또 가렵다』(시와시학사 1995) 등
안양과학대 교수

이연숙 : 문학박사(중앙대)/소설가/소설집 『선물』(평민사 2010) 등
중앙대 · 안양과학대 강사

김병덕 : 문학박사(중앙대)/소설가/평론집 『한국소설의 일상성』(국학자료원 2009) 등
경기대 · 안양과학대 강사

김수정 : 문학석사(중앙대)/안양과학대 강사

한용국 : 문학박사(건국대)/시인/건국대 · 안양과학대 강사

김영범 : 박사 수료(고려대)/경원대 · 안양과학대 강사

전형철 : 박사 수료(고려대)/서울여대 · 안양과학대 강사

한세정 : 박사 수료(고려대)/시인/안양과학대 강사

김영건 : 박사 수료(고려대)/안양과학대 강사

이하나 : 박사 수료(고려대)/방송작가/한세대 · 안양과학대 강사

박정우 : 박사 수료(중앙대)/소설가/중앙대 · 안양과학대 강사

장두식 : 문학박사(단국대)/단국대 · 안양과학대 강사

테크니컬 글쓰기

2011년 2월 25일 초판1쇄 발행
2013년 2월 10일 수정2쇄 발행

저 자 김승종 · 김병덕 · 김수정 · 이하나
펴낸이 임 순 재
펴낸곳 **한올출판사**
등록 제11-403호
121-849
주 소 서울시 마포구 성산동 133-3 한올빌딩 3층
전 화 (02)376-4298(대표)
팩 스 (02)302-8073
홈 페 이 지 www.hanol.co.kr
e-메 일 hanol@hanol.co.kr
정 가 9,500원

저자와의 협의하에 인지생략

■ ISBN 978-89-94948-04-1